伝統を永遠《とわ》に

総本山大石寺 五重塔 修復工事 六四三日 全記録

口絵1　修復された五重塔

口絵２　初重正面

口絵３　軒裏　四重までは平行垂木、五重は扇垂木

口絵４　初重内部

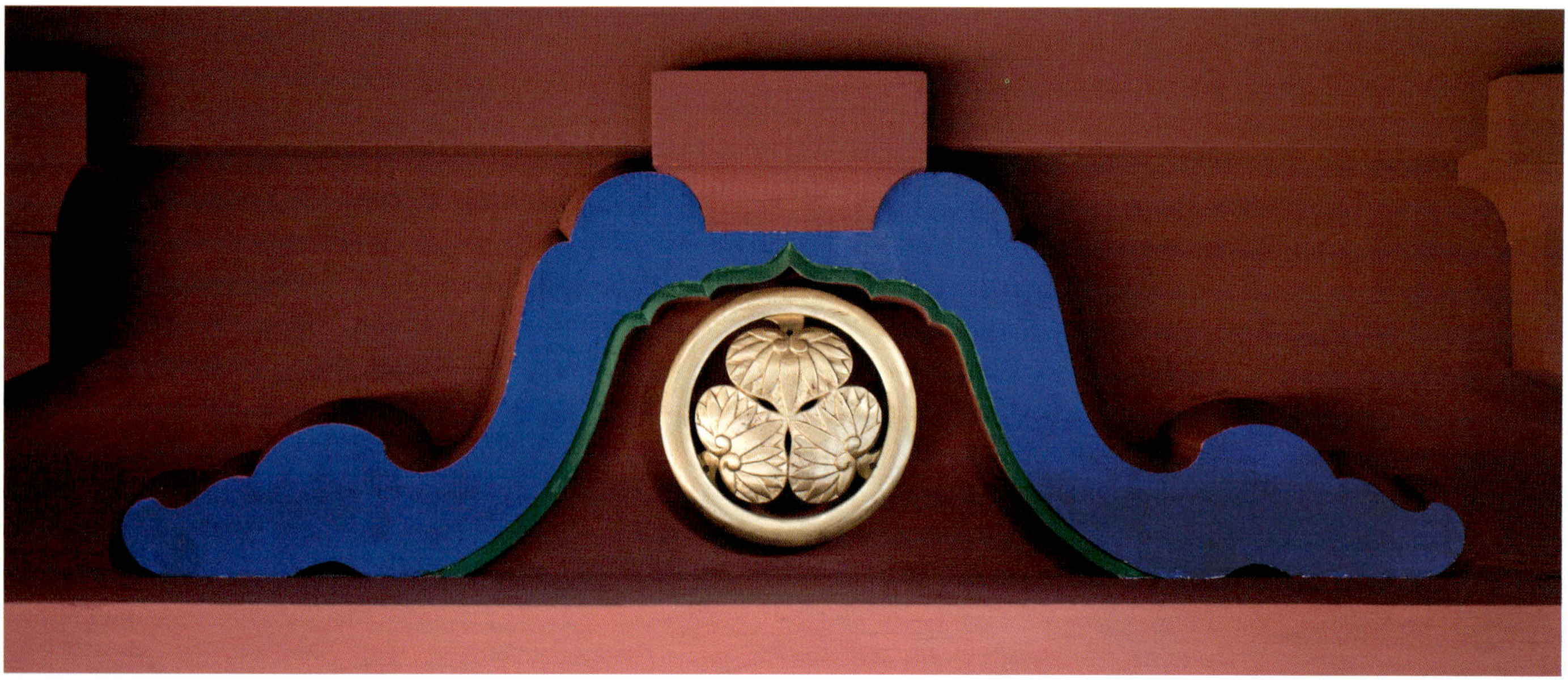

口絵5　初重 蟇股（中央間）　三つ葉葵紋

口絵6　初重 蟇股（両脇間）　近衛牡丹紋

口絵7　初重 邪鬼（西北隅）

発刊の辞

総本山大石寺の五重塔は、今から二百六十八年前の寛延《かんえん》二（一七四九）年六月、総本山第三十一世日因上人の代に建立されました。

この塔は、第二十六世日寛上人と大檀那である天英院殿（江戸幕府第六代将軍徳川家宣《いえのぶ》公正室）により発願されたのち、歴代の御法主上人猊下、備中松山藩主・板倉勝澄《かつずみ》公をはじめ、全国の僧俗より寄進された浄財によるものです。

そもそも、仏塔の起源は遠くインドの釈尊の時代まで遡《さかのぼ》り、その後、仏法東漸《とうぜん》とともに、形態を変えながら日本に伝わってきました。

日本においても、六世紀の飛鳥時代以来、数多くの塔が建てられましたが、江戸時代以前に建てられた五重塔は、現在わずか二十二基しか現存せず、大石寺の塔は十八世紀の建立で現存する唯一の五重塔として、国の重要文化財に指定されています。

大石寺の五重塔は、法華経の会座《えざ》に出現し、一経の眼目たる寿量品が説かれた多宝仏塔を模するとともに、日蓮大聖人の仏法が全世界に広宣流布し、末法の衆生を救済する意義を表しています。

このように本宗の信仰上、また日本の文化史上も重要な意義を有する五重塔も、前回の改修から約半世紀が経過したことから、未来に向けてその威容を残し伝えるため、宗祖日蓮大聖人御聖誕八百年の記念事業の一環として、修復工事が行われることとなりました。

この工事は、傷《いた》んだ屋根材などを交換するとともに、以前の改修時に直しきれていなかった部材の補修等も行うもので、平成二十七年四月の着工以来、一年九カ月の工期を経て完成いたしました。

これに合わせて、弊社発行の月刊誌『妙教』には、改修工事を監修された名古屋工業大学大学院の麓和善教授により「五重塔修復工事レポート」が全十三回にわたり連載され、そのなかでは、様々な調査や部材、工法などを、写真や図面をふんだんに用いながら、平明かつ丁寧に説明されております。

このたび、麓教授の御協力のもと、本文ならびに写真等の全面的な改訂・再編集を行い、ここに本書を発刊いたします。

本書が、近くは平成三十三年・宗祖日蓮大聖人御聖誕八百年、遠くは未来広宣流布に向けた信行増進に資することを念じ、発刊の辞といたします。

平成二十九年三月二十八日

大日蓮出版

目次

表紙＝初重南西の軒下に据えられた邪鬼

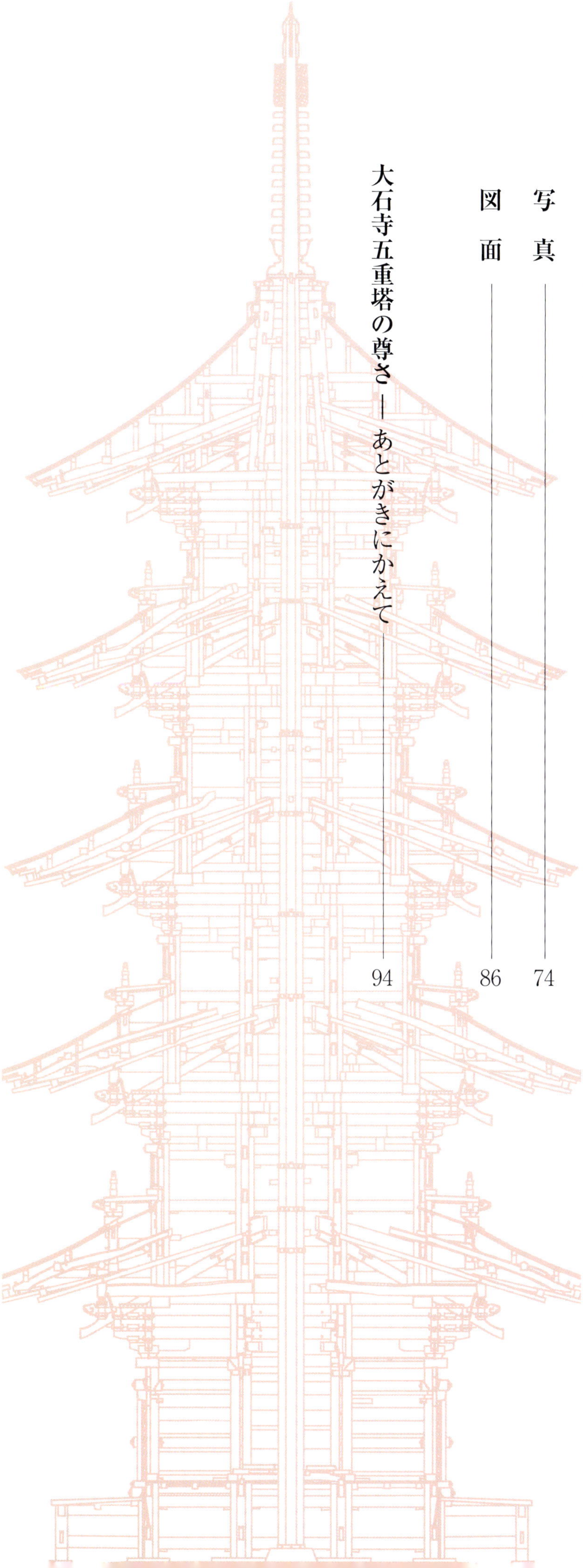

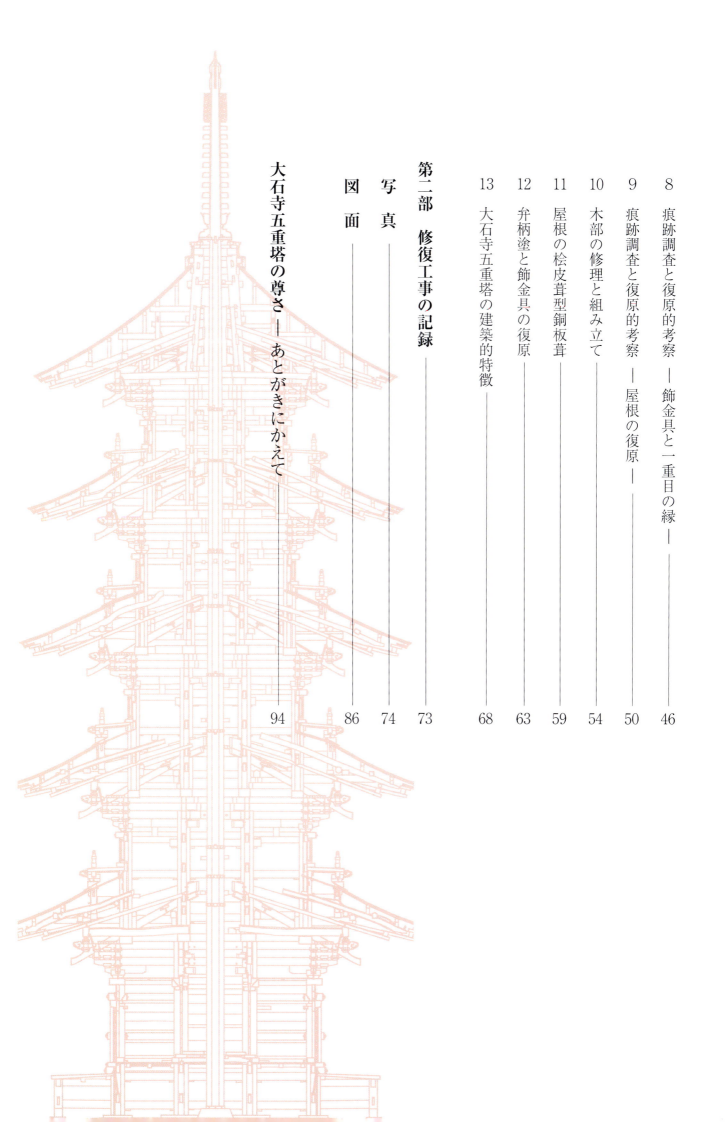

凡　例

＊本書は『妙教』誌に平成二十七年十二月号から同二十八年十二月号に掲載された「五重塔修復工事レポート」全十三回に加筆の上、再編集したものである。

第一部
修復工事の解説

はじめに

平成二十七年四月十三日に、日蓮正宗総本山大石寺の五重塔修復着工法要が行われ、工事に着手いたしました。そして、一年九カ月をかけて修理工事が行われ、平成二十九年一月十六日に、修復完成法要が執り行われました。

五重塔は国の重要文化財なので、文化財にふさわしい、きめ細やかな修理工事が行われました。

文化財にふさわしい修理工事とは、どのような工事でしょう。一般的な改修工事とは、何が違うのでしょう。

その最も重要な点は、保存を最優先することです。

五重塔は、総本山第三十一世日因上人によって、寛延二（一七四九）年に建立されました。建立に際しては、板倉周防守勝澄《すおうのかみかつずみ》公の寄進を受けています。また、徳川六代将軍家宣《いえのぶ》公の正室・天英院殿の援助もあったと伝わっています。さらに多くの信徒の寄進もあったでしょう。

そして、工事に腕を振るった大工・屋根葺師《ふきし》・彩色《さいしき》工・飾金具《かざりかなぐ》師・鋳物《いもじ》師などの、建設にかかわった職人の思いや技が、この五重塔の部材一つひとつにまで込められています。

建立後は代々の上人をはじめ、僧侶や信徒によって大切に護られ、経年による破損があれば、その都度、修理されてきました。

建立後、二百五十年以上にわたって、この地に聳《そび》え立ち続けているのは、大切に護られてきたからです。そして、昭和四十一年には、我が国の大切な宝として、重要文化財に指定されました。そう思うと、一本の木、一枚の板も粗末にはできません。

五重塔を永久的に保存するための修理です。

古い建物の修理となると、破損部分の修理を行うにしても、ある部分を復原するにしても、建物の詳細な寸法が判らなければ、新しい材料の加工ができません。したがって、修理工事を行う時には、まず最初に実測調査を行います。

どのような建物であろうと、修理を必要とするからには破損部分があり、またどれほど傷《いた》んだ建物であろうと、健全な部分はあります。どこがどのように傷んでいるのか、正確に見極めなければなりません。この調査を破損調査と言います。

そして、健全な部分はできるだけ残

し、傷んだ所だけ適切な修理を施す必要があります。そして、破損部分を修理するためには、古い材料がどういうもので、どのような工法で作られているのか、正確に見極めなければなりません。この調査を仕様調査といいます。

五重塔は、建立以来何度か修理を受けていますが、修理に際して改変された部分もあります。建物全体にわたって、建立当初の部材であるのか、修理で取り替えられた部材であるのか、部材の年代判定を行う必要があります。そして、修理で取り替えられた部材が、当初と同じ仕様で作られているのか、当初とは異なる仕様や形状に改変されているのかを見極め、改変されている場合は、当初の痕跡《こんせき》を調べて、復原的な考察を行う必要があります。

このような部材の年代判定調査、痕跡調査に加えて、修理の年代を特定するために、寺院に所蔵されている古文書や絵図等の文献調査も必要です。これらを総合して、建物が建てられてから今日までの変遷過程を明らかにします。

以上のような調査を、建物を解体しながら行い、建物の変遷過程が明らかになると、その変遷過程のなかで、最も文化財としての価値が高い状態を考えます。そして、どのような修理工事を行うのか、最終的な修理方法を決定します。

文化財建造物の修復では、単に目に映る所だけでなく、隠れて見えない部分や、材料工法に至るまで、可能な限り建立当初の状態を伝えることを原則とします。したがって、古い材料を大切にするのはもちろんのこと、破損部分の取り替えにおいても、あくまでも伝統的材料・工法を用います。

伝統技術が既に失われつつある昨今、この原則を遵守することは、けっしてたやすくはありません。しかし、裏を返せば、今、伝統技術の伝承に努めなければ、近い将来、必ず絶えてしまうことは明らかです。

伝統技術の存亡は、ひとえに現代に生きる我々の姿勢と努力にかかっています。このような見地からも、文化財建造物の修復では、伝統技術によって施工するよう努めます。すなわち、建物の保存と同時に技術の伝承も図っているのです。

以上のような、調査から補修・組み立てに至る工事の経緯を、本書で具体的に、詳しく解説していきたいと思います。

露盤受木の修理

1 露盤銘発見

―五重塔の建立に新事実―

五重塔建立の経緯

五重塔の建立について記された古い史料がいくつかあります。その一つ『宝塔建立之由来』には、板倉周防守勝澄《すおうのかみかつずみ》公が五重塔建立資金として、延享《えんきょう》二（一七四五）年に千両を寄進したという記述があります。この『宝塔建立之由来』は、五重塔建立当時の総本山第三十一世日因上人によって、建立直後の寛延《かんえん》三（一七五〇）年に記されたものです。

次に『続家中抄《ぞくけちゅうしょう》』の「日因伝」の項には、

「延享三丙寅年の春、五重の宝塔を建立せんと欲《ほっ》し公庁に達し赦免《しゃめん》せらる、同四月八日釿《ちょうな》立、寛延二己巳年の春に至り造り畢《おわ》る、同六月十日より十六日に至る一七日開眼供養し自ら法則を作る、三問三答の論講を修む、貴賤群集し随喜《ずいぎ》渇《かつ》仰《ごう》す、茲《ここ》に於いて諸伽藍《がらん》已《すで》に全備せり」（聖典七七九ページ）

と記されています。

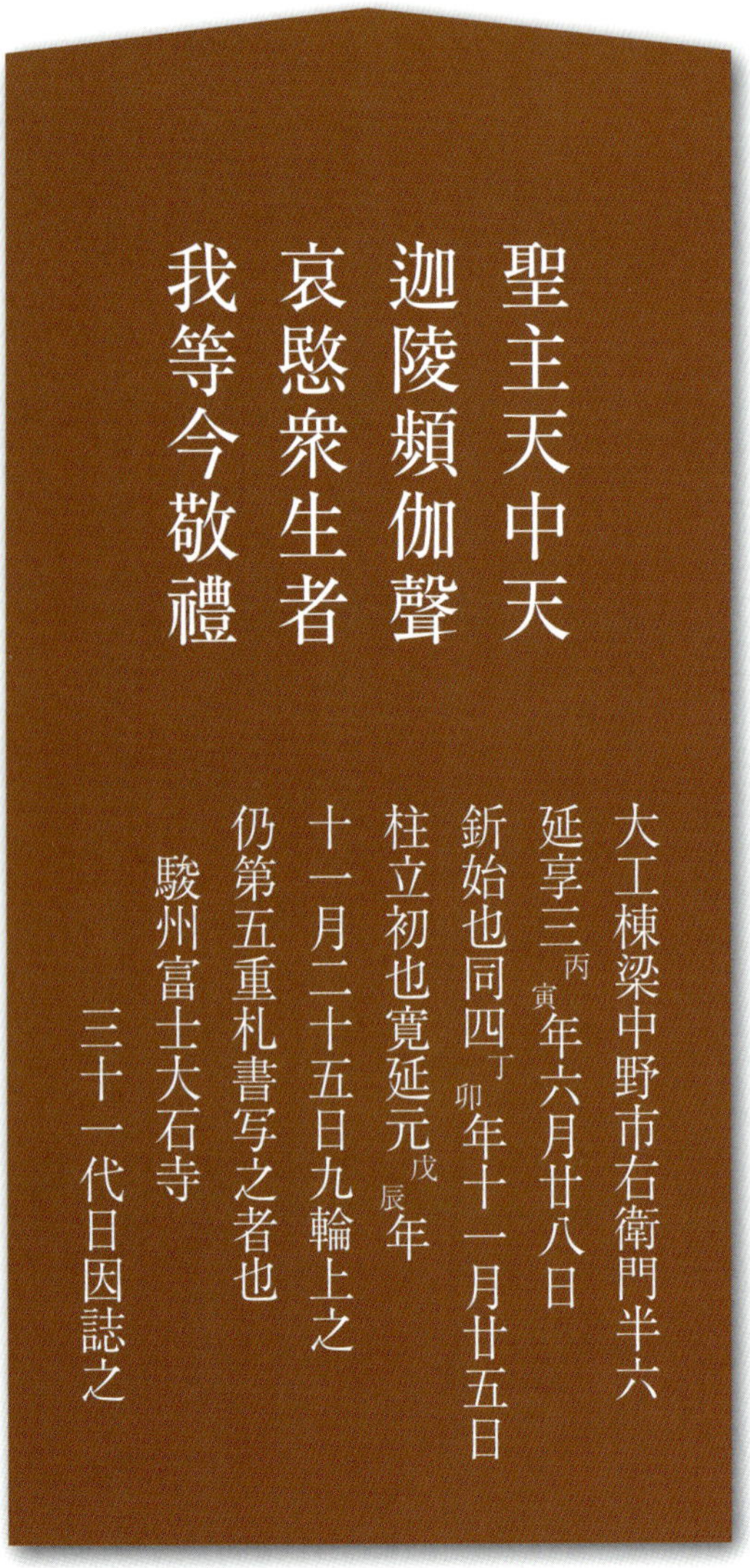
聖主天中天
迦陵頻伽聲
哀愍衆生者
我等今敬禮
大工棟梁中野市右衛門半六
延享三丙寅年六月廿八日
釿始也同四丁卯年十一月廿五日
柱立初也寛延元戊辰年
十一月二十五日九輪上之
仍第五重札書写之者也
駿州富士大石寺
三十一代日因誌之
棟札裏面　寛延元（1748）年
（『諸記録』第１部より）

さらに工事に取り掛かってからのことは、「棟札《むなふだ》」（左図）に詳しく記されています。棟札は、建立や修理に際して、上棟等の儀式の時に認《したた》められ、小屋組内に納められます。

『諸記録』のなかにこの棟札が書き写されており、表面には「当山大塔第五重安置之本尊也　寛延元戊辰年十一月二十五日」と記されています。そして裏面には、上半に妙法蓮華経化城喩品第七の一節である、

「聖主《しょうしゅ》天中天　迦陵頻伽声《かりょうびんがしょう》　哀愍《あいみん》
衆生者　我等今敬礼《きょうらい》」
（法華経二五九ページ）

が記されています。また下半には、まず「大工棟梁中野市右衛門半六」の名が記され、次に工事の経過として、「延享三丙寅年六月廿《二十》八日釿始《ちょうなはじめ》也」と記されています。釿始とは、釿という大工道具を使って、木材の加工を始めることです。

次に「同四丁卯年十一月廿五日柱立初也」と記されています。加工した木材の組み立てで最初に行うのが、柱を立てることで、組み立てが始まったことを意味します。次に「寛延元戊辰年十一月二十五日九輪《くりん》之《こ》れを上《あ》ぐ。仍《よっ》て第五重札之れを書写する者也」と記されています。一般的には屋根の最上段に棟木を上げる時に上棟式を行いますが、五重塔は宝形造で棟木がありませんので、九輪を上げる時点で儀式を行い、その際に認《したた》められた棟札であると考えられます。そして最後に「駿州富士大石寺三十一代日因之れを誌《しる》す」と記されています。

先述の「日因伝」の「同（延享三年）四月八日釿立」という記述と異なっていますが、一般的に釿立という工程はありませんので、釿始めと柱立て初めが合わさって釿立という表現になったように思われます。

この棟札とは別に、初重内部には工事完成に合わせて板御本尊が安置され、そこには「大石精舎大塔本尊也　寛延二己巳天三月二十八日」と記されています。

そして、『宝塔建立之由来』には、寛延二年六月十二日に五重塔が完成したこと、その費用は四千二百余両であったこと、開眼供養が三日間執行されたことが記されています。延享二年に板倉公から寄進された千両の四倍の工事費であったことが判ります。その他の費用については、日因上人がたいへん苦心して用意されたことも記されています。そのためか『富士年表』には、明和二（一七六五）年六月八日に、板倉公から五重宝塔建立費として、再度、千両と、大杉山三百両外五百両の寄進があったことが記されています。

新発見の露盤銘

以上の通り、延享三（一七四六）年六月二十八日から寛延二（一七四九）年六月十二日まで、丸三年をかけて工事が行われたことが、これまでに判っていました。

これに加えて、今回の修理工事に伴う調査によって、創建時の新事実を知る発見がありました。それは第五重の屋根上に載る露盤《ろばん》に刻された銘文の発見です。

五重塔に限らず、塔には屋根の上に相輪《そうりん》（写真1―1）が載っていますが、これは塔の内部の心柱《しんばしら》が、屋根の上まで突き抜け、そこに下から順に露盤・伏鉢《ふくばち》・請花《うけばな》・九重の宝輪《ほうりん》（九輪）・水《すい》煙《えん》・龍車《りゅうしゃ》・宝珠《ほうじゅ》を通し、積み重ねたものです。その最下部が露盤で、青銅製の鋳物《いもの》です。

飛鳥時代に仏教が伝来し、最初の仏教寺院である飛鳥寺が建立されるのに先立ち、造寺工、仏工、画工、鑪盤《ろばん》博士・瓦博士が、百済《くだら》から我が国に渡来したという記録があります。この鑪盤博士が、鋳物を作る技術者で、鋳物の代表として露盤が扱われていることからも、重要な部材であることが判ります。そういう重要な部材であるからこそ、ここに銘文が刻されるわけですが、露盤東面の北端に「延享五戊辰年　六月吉祥日」（写真1―2）、南端に「冶工《やこう》江戸深川住　田中七左衛門尉藤原知《とも》茂《しげ》」（写真1―3）と、製作の年号と作者が記されています。なお、延享五年は七月十二日に改元され、寛延元年

写真1―1　修復前の相輪と名称

延享五戊辰年
六月吉祥日

写真1－2　露盤銘（右側）

冶工　江戸深川住
田中七左衛門尉藤原知茂

写真1－3　露盤銘（左側）

となります。

以上、五重塔の建立の経緯を、新発見の露盤銘も含めて述べました。露盤は遠目にも見ることができますが、その銘文となると肉眼では見えず、今回の修理工事で、間近で注意深く観察することによって発見できたものです。

このように、文化財の修理では、単に傷《いた》んだ所を修理するだけではなく、修理工事を千載一遇《せんさいいちぐう》の機会として、建物に関する徹底的な調査を行います。それは、今日までにどのような修理改造の手が加えられてきたか、その時々の材料・工法などがどのように変わっているのか、秘められた歴史的・技術的事実を洗いざらい明らかにするつもりで、悉皆的《しっかいてき》に調査いたします。そして、その調査結果を総合し、最も価値のある姿に修理するよう努力するのです。

2

五重塔の修理履歴

江戸時代の修理

修理に関して最初に記録に表れるのは、建立から五十二年後の享和元《きょうわ》（一八〇一）年の修理です。

『続家中抄《ぞくけちゅうしょう》』の「日相伝」の項には、

「享和元酉辛年の春台所を再建し又五重の宝塔を修理す」

（聖典七九二ページ）

と記されています。しかし、この時にどのような修理が行われたかは、この記録だけでは解りません。

明治の修理

次の修理ではっきり判っているのは、その八十八年後の明治二十二（一八八九）年で、修理工事の棟札《むなふだ》があります。八十八年後というのは少し期間が長いように思いますが、修理が必要な時期に明治維新という社会の大きい転換期であったため、思うように修理ができなかったのかも知れません。

棟札には次の通り記されています。

「富士山大石寺五重宝塔修理棟札
明治二十二年五月四日　落成大
工棟梁　石川規重敬白」

（諸記録一―九八ページ）

この修理から四十年後の昭和四年に刊行された『富士大石寺案内』には、五重塔に関して、

「元《もと》と銅葺《どうぶき》なりしが近世誤りて亜《あ》鉛《えん》葺に改めしも忽《たちまち》に朽敗《きゅうはい》せるを以《も》って瓦《かわら》葺となしたり、目下山門と共に大修繕を加ふべき時に当《あた》れり」（該書二一四ページ）

と記されています。

昭和四年時点で三門と共に大修繕を行う必要があるということですから、銅葺から亜鉛葺に改め、それがたちまち朽敗したので瓦葺にしたというのは、明治二十二年の修理のことと思われます。

昭和の修理

その後、昭和七年十一月十四日から十五日にかけて、当地は未曽有《みぞう》の大暴風に見舞われ、その被害は総本山全域に及びました。そして、既に修理の必要があった五重塔もますます破損が進んだため、翌年一月から四月にかけて応急修理が行われました（宗報・昭和七年一二月号）。

次の修理は、その二十年後の昭和二十八年の修理で、宗旨建立七百年慶祝記念事業の一つとして行われました。その完成報告法要に関する記事が、『大

日蓮』（昭和二八年四月号）に、五重目鬼瓦の写真（写真2－1）と共に掲載されています。昭和八年の修理は災害復旧の応急修理でしたので、二十年後の宗旨建立七百年に合わせて、改めて本格的な修理を行ったと考えられます。

この昭和八年もしくは二十八年の工事のために作成されたと考えられる正面の立面図があります（図2－1）。縮尺五十分の一で、正確に作図されています。この図を注意深く見ると、一重から四重までと五重の屋根の表現が異なることに気付きます。一重から四重までは、瓦棒葺という金属板葺の一種です。この屋根葺工法は、まず板張りで平らな屋根面を作り、その上に瓦棒という蒲鉾《かまぼこ》状の木を一定間隔で平行に打ち付け、こうして出来た瓦葺のような形状の木製下地の上に、金属板を葺《ふ》きます。御影堂や三門（写真2－2）の屋根が、銅板を用いたこの葺き方で、

写真２－１　昭和28年修理後の五重隅の鬼瓦

図２－１　日蓮正宗総本山大石寺五重宝塔正面図
（昭和初期作成・個人蔵）

写真２－２
三門の銅瓦葺
（瓦棒銅板葺）

写真２－３
名古屋城大天守・小天守
慶長17（1612）年創建時は、大天守の五層のみ銅瓦葺、宝暦2～5（1752～5）年の修理で、二層から上すべてを銅瓦葺に変更。写真は昭和34年に鉄骨鉄筋コンクリート造で復元されたものであるが、外観は焼失前を忠実に再現

古くは銅板で瓦葺のように仕上げるという意味で、「銅瓦葺」と呼ばれました。慶長十七（一六一二）年に建設された名古屋城大天守（写真2−3）の最上層の屋根も同様の葺き方で、この工法の最初期の例と言えます。

一方、五重には、桟瓦《さんがわら》という粘土を焼成して作った一般的な瓦が葺かれています。『富士大石寺案内』に記された、元は銅葺でそれを亜鉛葺に改めたというのは、瓦棒葺という形式はそのままで、金属板を銅板から亜鉛板（もしくは亜鉛メッキ鉄板）に改めたと考えられます。そして、それがたちまち朽敗したので瓦葺にしたというのは、屋根全体ではなく、五重だけだったと思われます。

また、これを裏付ける昭和中期に撮影された古写真（写真2−4）もあります。この古写真を見ると、一重から四重までは瓦棒亜鉛鉄板葺です。一方、五重は側面の軒先しか見えませんが、軒先の瓦の間隔が四重以下よりも狭いことから、桟瓦葺であったと考えられます。昭和二十八年修理工事完成後の五重の鬼瓦の写真（写真2−1）にも、桟瓦が写っています。

その後、昭和四十一年六月十一日に国の重要文化財に指定され、その翌年に修理が行われました。昭和二十八年の修理から十四年後の修理です。この時の修理で、それまでは一重から四重までが瓦棒亜鉛鉄板葺、五重が桟瓦葺であった屋根を、当初は一重から五重まですべてが桧皮《ひわだ》葺であったと推定し、今後の維持と防災を考慮して、桧皮葺型の銅板葺に改めました。それが今日《こんにち》見る姿です。

この時の屋根の変更に関しては、慎重な考察が必要になりますので、第九項（50ページ）で述べたいと思います。

写真２－４　昭和中期の五重塔（個人蔵）

3 文化財修理の考え方と素屋根の建設

文化財修理の考え方

今回の五重塔の修理工事は、前回の修理から五十年弱が経過して傷《いた》んだ屋根の銅板の葺《ふ》き替えと、外部に塗られた塗装の塗り替えが中心ですが、そのほかに木部《もくぶ》の部分的な修理もあります。縁《えん》のように常に風雨にさらされる部分では、木が腐ったり、白蟻《しろあり》による被害も生じます。また軒裏《のきうら》では、蜂などによる虫害や、鳩やムササビ、およびハクビシンなどの鳥や小動物がかじって開けた穴など、小さな破損箇所もたくさんあります。このような木部の小さな破損も、そのまま放置すると、さらに被害が拡大する恐れがありますので、適切な処置が必要です。その一方で、古い部材でも、今後、何百年も維持可能なものは、極力保存する必要があります。破損した所と、今後も維持可能な所を、正確に見極めていかなければなりません。

そして、修理の手を加える部分は、必ず解体作業を伴います。それがわずかな部分であっても、普段は隠れて見えない部分を見ることができますので、そこに用いられた材料・工法などを確認することができます。

このように文化財の修理では、ただ破損部分を修理するだけではなく、修理の機会を千載一遇《せんざいいちぐう》として、建物に関する徹底的な調査を行います。それは、単に建物の創建当初がどうであったかということや、あるいは担当者の興味によって特定の内容を重点的に調べるのではなく、今日までにどのような修理や改造の手が加えられてきたのか、そしてその時々の材料・工法などがどのように変化したのか、秘められた歴史的・技術的事実のすべてを明らかにするつもりで、悉皆的《しっかいてき》に調査します。そして、それらの調査を総合して、建物の最も価値の高い姿に修理します。

また、文化財の修理では、可能な限り古材を残そうと苦心しますが、それは単に古いものに対する骨董品《こっとうひん》的な価値を認めているのではなく、部材の一つひとつが当時の技術面、例えば製材するのに大鋸《おが》という縦挽《たてび》き鋸《のこぎり》を使ったり、丸鋸《まるのこ》や帯《おび》鋸による製材であったり、あるいはその仕上げとして釿《ちょうな》で斫《はつ》っていたり、台鉋《だいがんな》をかけていたり、そのような工具の痕跡《こんせき》、職人の技術のほどが、部材の一つひとつに生きた証拠として残っているからです。

古い材料を傷んだ所だけ修理するとなると、継ぎ矧《は》ぎ部分ができ、古い傷や汚れが残るなど、必ずしも見栄《みば》えがいいとは言えません。さらに、その費用と手間も、むしろ部材全体を取り替える以上にかかる場合もあります。しかし、それでも敢《あ》えて古い材料を残そうとするのは、部材それぞれが当時の生きた証拠として貴重であり、それが文化的・社会的・経済的側面をも伝えているからです。

しかしながら、破損が著しかったり、過去の修理が悪くて、やむを得ず取り替えたり、作り直さざるをえないこともあります。その場合は、形や大きさのみならず、材料・工法までも本来の古材に倣《なら》うことを原則とします。

そして、文化財の修理では、どこをどのように修理したのか、各種調査によって、どのようなことが明らかになったのか、綿密《めんみつ》な記録を取り、工事完了後は、この記録を一冊の修理工事報告書として刊行します。平成二十九年一月現在、国指定の重要文化財建造物は二千四百五十六件、四千八百二十五棟あり、刊行された修理工事報告書は二千冊を超えています。これらの修理工事報告書は、後世に伝えるべき貴重な資料で、今後の修理の参考にもなります。さらに、高い学術的価値があり、日本建築史を構築する重要な基礎資料となっています。

修理前の写真撮影と素屋根の建設

平成二十七年四月十三日に着工法要が行われましたが、その後、まず行ったのは、五重塔と三門の修理前の状態を記録するための写真撮影です。外観や内部はもとより、修理によって変更される可能性がある部分や、建物の特徴がよく表れている部分を、大型カメラを使って撮影しました（写真3－3～8）。

修理前の写真撮影が終わると、「素《す》屋《や》根《ね》」という建物全体をすっぽりと覆う屋根付の仮設物の建設が始まります（写真3－4）。一般の建築工事でも、作業に必要な足場は掛けられますが、素屋根で建物を完全に覆うのは、文化財修理の特徴です。

五重塔は平成二十八年の十二月末まで、三門は平成三十二年十二月末までの予定で修理工事が行われますが、いずれの建物も、屋根全面の銅板の葺き替えが行われますので、このように長い工事期間、屋根を解体した状態で風雨にさらすわけにはいきません。修理工事を人間に譬えるならば、大きい外科手術を行うわけですから、そのための手術室として素屋根を設けているのです。長い工事期間中には何度も台風に見舞われるでしょうから、仮設といえども充分な強度が必要です。そして素屋根の内部には、安全で効率よく作業ができるように、軒下のちょうどよい高さに床《ゆか》も設けられます（写真3ー5）。

写真3ー1　修理前の五重塔全景（北西面）

写真3ー3　五重塔初重内部

写真3ー2　五重塔三重から五重の軒裏
軒裏に等間隔に並ぶ細い部材は、垂木と呼ばれる。初重から四重までの垂木が平行に並ぶのに対して、五重は放射状に広がる扇垂木である

写真３－４
五重塔の素屋根建設中
このあと、壁面にシート、屋根にテントが張られた

写真３－５　五重塔の素屋根内部
各重とも軒下に作業用の床が設けられている

4 実測調査

文化財修理の方針を決定する際、そのよりどころとして最も重要なのが、修理工事に伴って行われる様々な調査です。そのうち、基本かつ重要な調査を挙げますと、実測調査、破損調査、仕様調査、史的調査、類例調査があります。

本項では、工事の最初に行う実測調査について、その目的、方法、成果を詳しく述べます。

実測調査の目的

絵画や彫刻などの美術品の修理は大概、画家や彫刻家が自ら考え、自らの手を使って修理します。しかし建物は、設計する建築家や修理技術者（修復建築家）と、実際に施工する大工、屋根葺《ふき》、左官《さかん》、石工、画工などの職人が分かれています。そういう多くの職種の技術者が協力して、一つの建物を造り、修理します。

したがって、設計者が考えたことを正確に、それぞれの職人に伝える必要があります。その手段として設計者は、図面や材料・工法を記した仕様書を作成します。職人は、その図面や仕様書の記載内容をもとに、専門の作業を行います。

新築の場合は、建築家は自由に設計することができます。しかし、文化財の修理では、修理が必要な建物が、先に存在します。修理技術者は、その破損部分を修理したり、後世の改変部分をかつての状態に復原することはあっても、自分の好みで自由に改変することはできません。古くて不便な住宅を、見違えるように立派で快適な住宅に造り替えるのとはわけが違います。

文化財的・建築史的価値、そして宗教建築では当然、宗教的意義が高い建物を、後世に永遠に伝えるために行う、保存重視の修理工事です。そのためには現存する建物を詳細に実測し、正確に実測図を作成する必要があります。その調査が実測調査です。

実測調査の方法

まず測ろうとする部分の平面・断面・立面等を目測《もくそく》でスケッチし、これに各部の寸法を逐一《ちくいち》計測し、記入します。

もう少し具体的に説明しますと、紙は、B四判（三六四㎜×二五七㎜）で、一㎝の方眼紙です。これに測ろうとする部分の大きさと詳細さに合わせて、十分の一、二十分の一など、縮尺を設定し、できるだけ正確に、フリーハンドでスケッチします。この時、例えば、部材がどのように組み合わさっているのか、その接合部も注意深く観察します。

そして、ひと通りスケッチを描き終えると、各部分の寸法を一カ所ずつ計測し、その値をスケッチに書き加えていきます。この作業を細部まで、くまなく行います。こうして出来た調書を「実測野帳《やちょう》」と言います。写真4－1は、相輪《そうりん》の実測作業を撮影したもので、作業用の足場の上で熱心に実測しています。その実測野帳が図4－1です。同様に写真4－2は、塔の内部の実測作業を撮影したものです。さらに写真4－3は、軒裏《のきうら》の狭い部分に潜《もぐ》り込ん

写真４－１　相輪実測作業

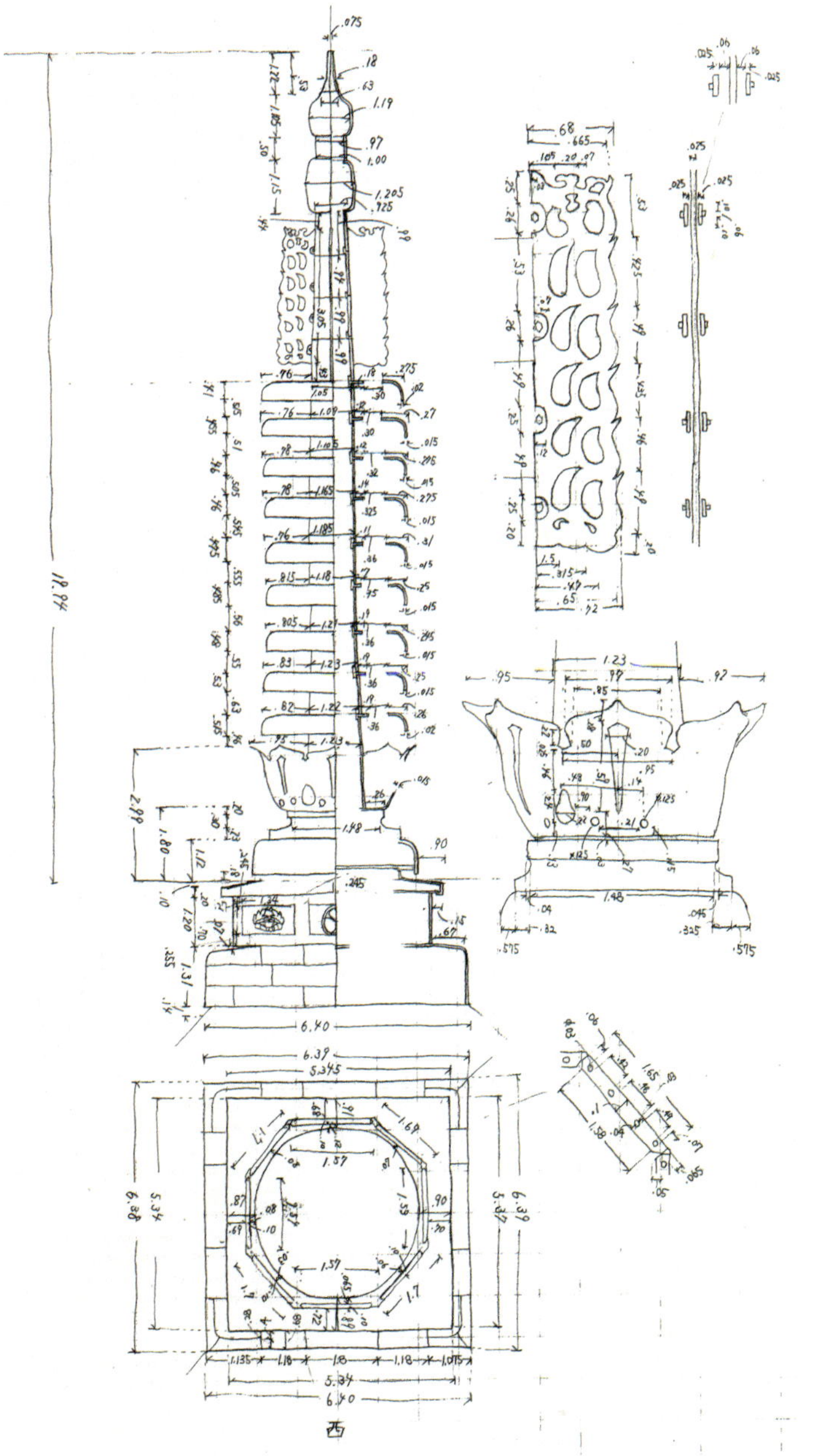

図4－1　相輪実測野帳

写真4－2　内部実測作業

写真4－3　内部軒裏実測作業

で、埃《ほこり》まみれになりながら、一所懸命に実測しています。その実測野帳が図4－2です。

次に、軒《のき》反《ぞ》りや屋根の反りの実測です。日本建築は、これらの優美な曲線に特徴があります。大工や屋根葺職人は、美しい曲線を作り出すために、技術の粋《すい》を凝《こ》らします。また様式や時代によって、大きくて強い反りとか、小さくて弱い反りなど、曲線の性質が異なります。したがって、これらの曲線を正確に実測

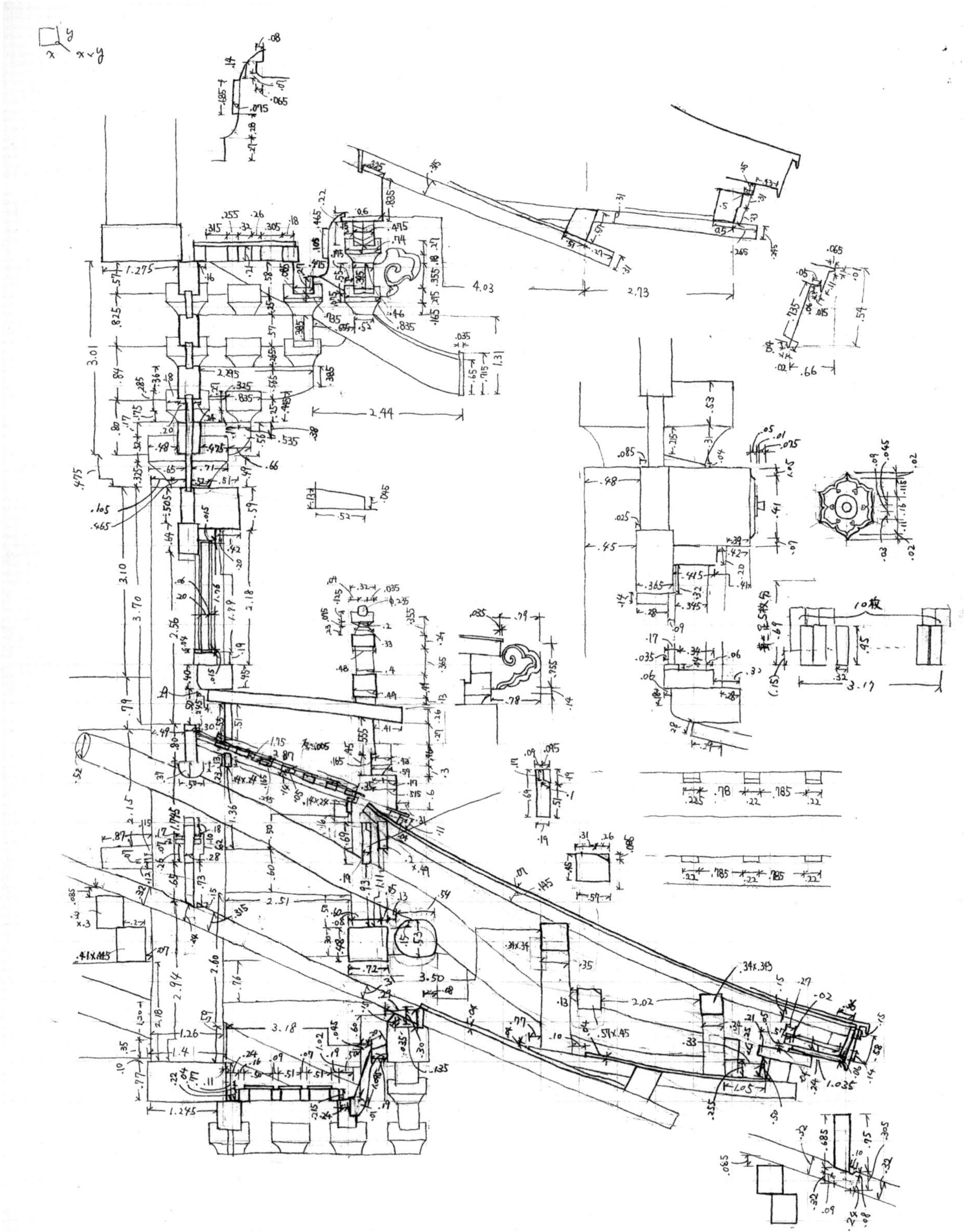

図4－2　四重断面実測野帳

することも重要です。しかし、その実測方法は、前述のスケッチをして、寸法を記入するという方法とは、少し異なっています。

写真４−４・５は、軒反り曲線の実測作業を撮影したものです。軒先の隅《すみ》から隅まで、糸と巻尺《まきじゃく》をピンと張って、水平方向に一定間隔で、糸から直角に、軒先までの距離を計測します。

この水平方向の計測点の間隔は、建物の規模に応じて決定しますが、今回は特に両端の強く反っている部分を二〇cm間隔、中間のあまり反っていない部分を四〇cm間隔で計測しました。そして、調書には、水平方向は四〇cmを一cm、すなわち四十分の一に縮小し、垂直方向は一〇cmを一cm、すなわち十分の一に縮小し、各点の計測値を記入していきました（図４−３）。

このように縦横の比率を変えて記入することで、曲線の性質が強調されます。屋根の隅や中央の曲線も、同様の方法で計測しました。このデータをもとに、正確に作成したのが図４−４です。少し歪《いびつ》になっています

写真４−４　軒反り実測作業遠望

写真４−５　軒反り実測作業

が、これを滑《なめ》らかな曲線に修正し、縦横の縮尺を合わせて、すなわちこの場合ですと、横方向を四倍に延ばすことで、正確な軒反り曲線の実測図が完成します。

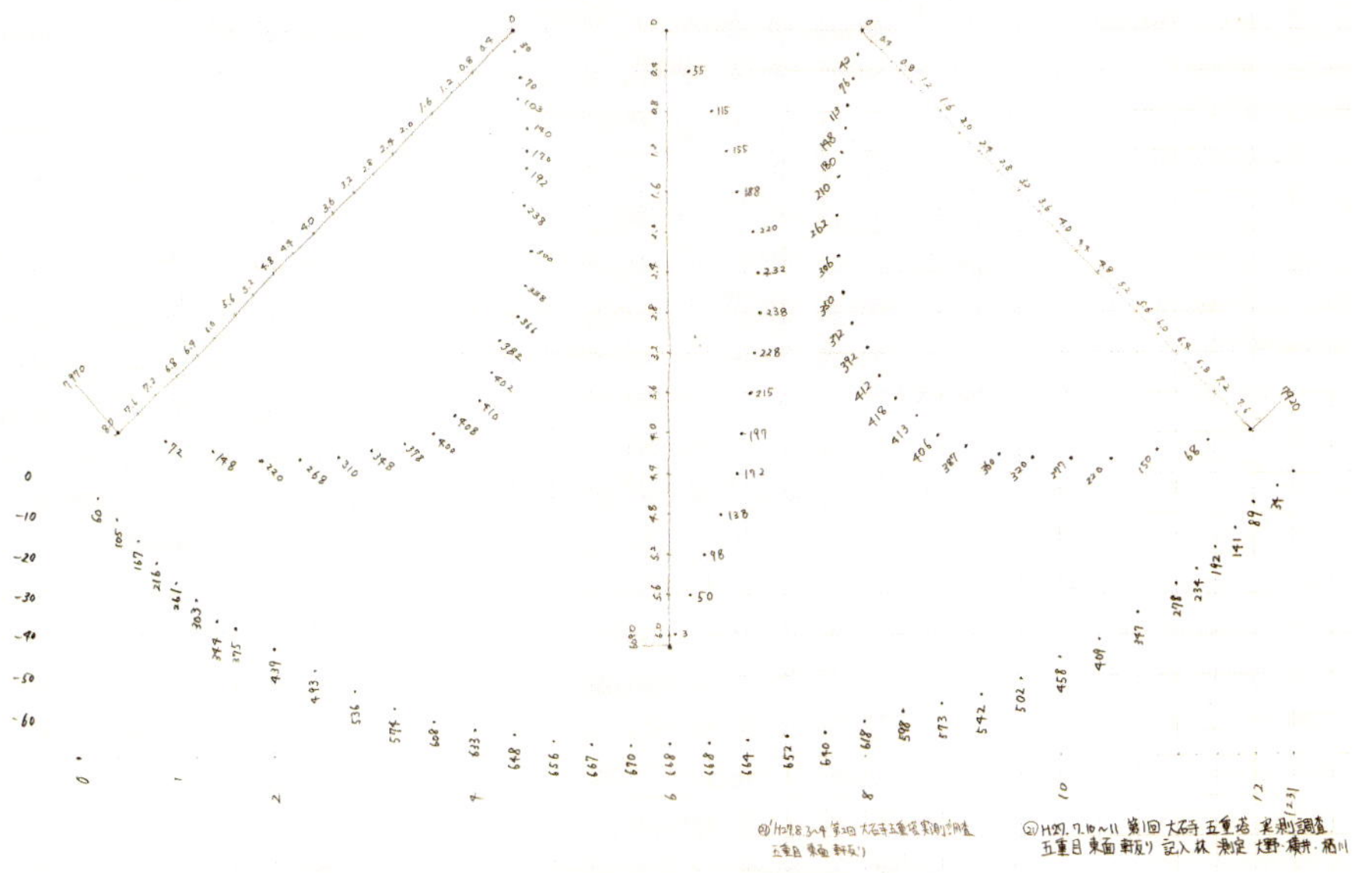

図４－３　五重軒反り・屋根反り曲線実測野帳

実測調査の成果

　以上の実測野帳をもとに、正確な実測図を作成します（図４－４）。そして、この実測野帳や実測図を、他の調査の野帳の原図としたり、工事の設計図として利用します。

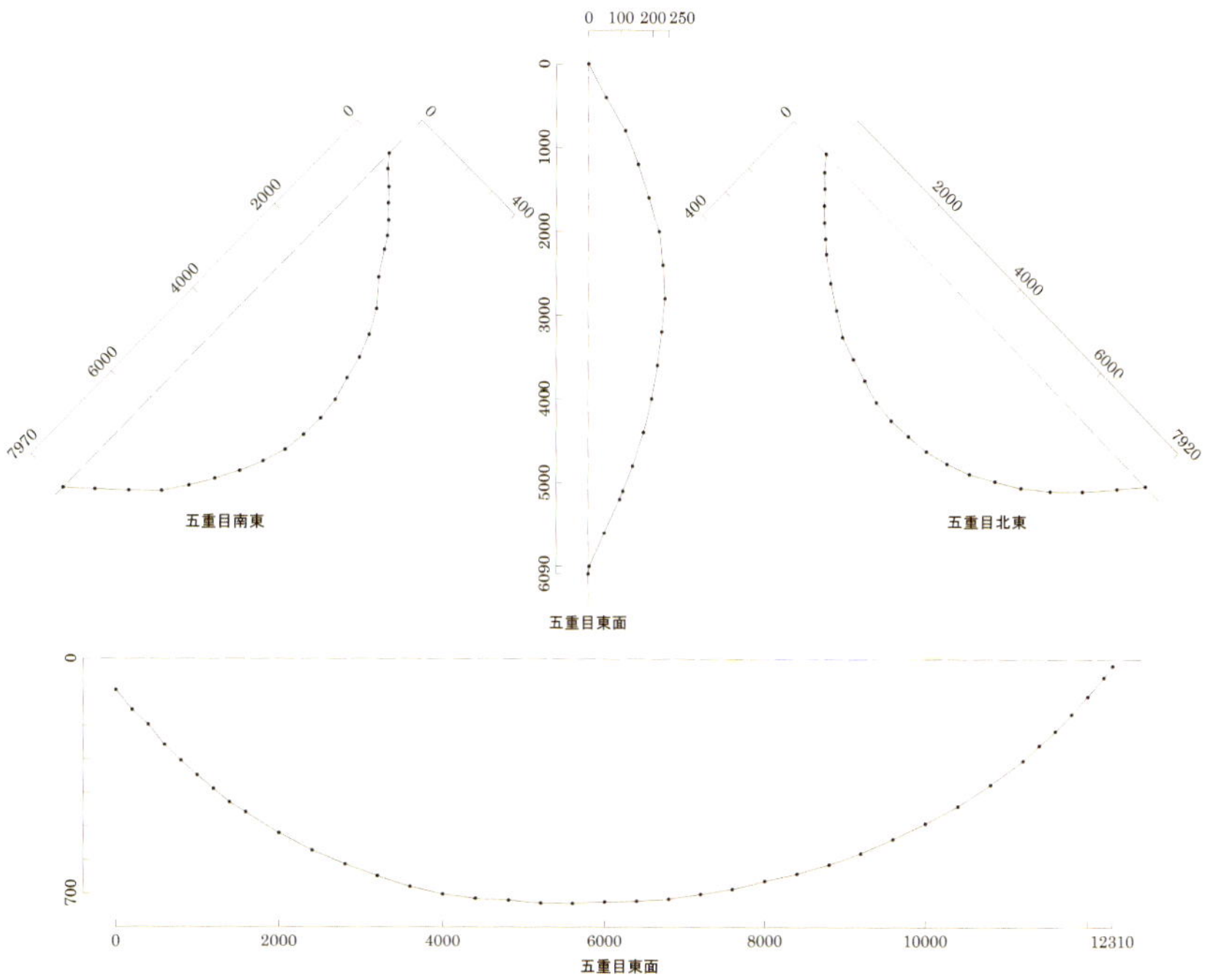

図４－４　同上　実測図

　このような方法で建物をくまなく実測するには、非常に多くの手間と時間を必要とします。しかし、それだけに建物をよく観察し、直接肌で触れる時間も長いので、建物の理解を深めるには最も有効です。最近は写真測量の技術が進み、大きな成果を挙げていますが、文化財建造物の修理では、この実測調査が、欠くことのできない基本的な作業の一つとなっています。

5 破損調査

どのような建物であろうと、修理を必要とするからには破損部分があり、またどれほど傷《いた》んだ建物であろうと、健全な部分はあります。その破損部分と健全な部分を詳細に見極めていくのが、破損調査です。特に文化財のように、古い材料そのものに価値がある場合には、新材に取り替える割合を極力少なくするためにも、重要な調査と言えます。

また、破損の原因を突き止め、将来同じような破損が生じにくくなるよう、対策を講じることも必要です。あるいは、素材の持つ耐用年限上、避けられない破損であれば、将来、修理が容易にできるような対策も必要です。

本項では、破損調査によって明らかとなった、木部《もくぶ》の破損の状況とその原因、そしてその部分をどのように修理するのか、修理方法について、具体的に述べます。

破損の状況と原因

雨水による縁板《えんいた》の腐朽《ふきゅう》

写真5－1は、縁を上から見た破損状況です。**写真5－2**は同じ所を下から見上げたもので、さらに破損状況はひどく、過去の部分的な補修も見られます。雨ざらしになる縁は、特に破損が避けられない場所です。この部分を修理するためには、縁板を取り外す必要があります。

写真5－3は縁板を取り外し、破損

写真5－1　縁破損状況　雨ざらしになるため、縁板の目地から雨水が浸み込み、腐朽している

写真5－2　同右　裏面の腐朽が激しい

のひどい裏面を上にして置いています。この破損は、縁板に雨水がかかり、徐々に木が腐ったものです。では、どこまで腐っているのでしょうか。腐った部分を取り除いたのが、**写真5－4**です。あれほど腐って見えた縁板も、実はその表面だけで、中は堅くしっかりしています。

　木は生長の過程で一年ごとに年輪を重ねていきますが、その外側の樹皮に近い部分は、養分が多く、軟らかいため、腐りやすく、白蟻が好んで食べます。色が白っぽいので「白《しら》太《た》」、あるいは年輪の周辺の材という意味で「辺材《へんざい》」と呼ばれます。

　一方、その内側は、密度が高くて堅く、脂分も多くて、耐水性に優れているばかりか、白蟻もほとんど食べません。赤みがかった色なので「赤身」、あるいは中心の材という意味で「心材」と呼ばれます。

　実は、**写真5－3**の腐った所が白太部分で、**写真5－4**はそれを取り除いた赤身部分だったのです。ですから、この赤身部分は、これから先も腐りにくく、白蟻に食べられる心配もありません。そこで、**写真5－4**の白線の範囲内を平らに整形して、ここに今度は白太ではなく、赤身の木材を張り付けて修理すれば、今後も長く維持できます。

　このような補修方法は、木を矧《は》ぎ合わせて修理するという意味で、矧木《はぎき》補修と言います。古くからある伝統的な修理方法です。

写真5－3　縁板破損状況　著しく腐朽しているように見える

写真5－4　同上　腐朽しているのは白太部分のみで、腐朽部分を撤去すると、赤身部分は健全

小動物による軒裏《のきうら》の被害

写真5－5は、五重目の軒裏ですが、先端に穴が二つ開いています。これはムササビのような空中を飛ぶ小動物が、かじって開けた穴で、ここから中に入って巣を作っていたと思われます。

　また**写真5－6**では、軒裏に等間隔に並ぶ垂木《たるき》の隙間の板が外れているのが見えます。そして、その下は、垂木を受ける丸桁《がぎょう》という部材の塗装がはげ、白くなっています。これは、鳩がこの奥に巣を作り、穴から出入りするときに糞を落としたために汚れ、塗装が剥《は》がれたと思われます。

写真5－7は、さらに鳩の糞害《ふんがい》のひどい所です。糞が積もっただけでなく、それが原因で木が腐り、組物《くみもの》と呼ばれる部材三組のうち、中央の組物の彫刻が欠けています。

　このように、小動物が巣を作り、糞害によって塗装が剥がれ、さらには木が腐る要因になりますので、今後は巣ができないよう、穴をふさぎ、鳩除けを設置する必要があります。

写真５－５　五重軒裏破損状況　ムササビによる被害

雨漏《あまも》りによる屋根裏の腐朽

写真5－9は、相輪《そうりん》の露盤《ろばん》を内側で支える木が、雨漏りによって、ひどく腐っています。さらに**写真5－10**では、その下の柱までひどく腐っています。これらの腐朽は屋根上の相輪の伏鉢《ふくばち》と露盤（**写真5－8**）の間に隙間ができ、そこから雨が入ったためと考えられます。

　しかし、最近腐ったわけではありません。なぜなら、その隙間は過去の修

写真５－６　同上　破損状況　鳩による被害

写真５－７　軒裏破損状況　鳩の糞の堆積が原因で木が腐り、組物と呼ばれる部材三組のうち、中央の組物の彫刻（○印）が欠けている

写真５－９　露盤受木破損状況　右の写真の伏鉢と露盤の間に隙間ができ、雨が漏ったため、露盤の受木が、ひどく腐っている

写真５－８　相輪下部
下から露盤、伏鉢、請花

理で既にふさがれ、屋根も修理されて、その後は雨漏りの形跡がないのです。過去の修理とは、おそらく明治二十二（一八八九）年の修理だと思います。

　しかしながら、構造材まで完全に修理するとなると解体範囲が広くなり、かなり大がかりな工事になるので、腐っていることには気付きながらも、そのままにせざるをえなかったのでしょう。

　もちろん今回の工事では、想定外の破損でしたが、完全に修理します。その方法は、腐った部分を取り除き、新材を継ぐ継木《つぎき》補修、古い木の中に新材を埋め込む埋木《うめき》補修、そして矧木《はぎき》補修、あるいは新材に取り換えざるをえないかも知れません。いずれにしても新材は、すべて赤身を用います。

写真5－10　五重屋根裏破損状況　雨漏りが原因で、柱がひどく腐っている

まとめ

以上、破損調査によって明らかになった破損状況と、その原因、および修理方法を述べました。その破損は、解体前に確認できたものと、解体中に発見できたものの両方があります。

このように、解体しながら破損状況を正確に見極め、適切な修理を施すことが重要です。健全な部分の不必要な解体や、必要以上に材料を取り替えるのは、慎《つつし》まなければなりません。文化財修理の基本です。

6

解体と仕様調査

文化財の修理では、破損部分の補修や取り替える際に使用する材料や工法は、旧来と同じものを用いることを原則とします。したがって、建物全体にわたって、それぞれの部分が、どのような材料と工法で造られているのか、正確に見極める必要があります。

この材料や工法を合わせて「仕様《しよう》」と言いますが、仕様は時代や地域によって異なっていることが多いので、過去の仕様を調べることが、引いてはその時代あるいは地域の経済力や、また職人の知恵と技術などの文化水準を窺《うかが》い知ることにもなります。

本項では、解体中に行う仕様調査の方法、および調査によって明らかとなった五重塔の仕様について、一部ですが、具体的に説明します。

部分解体で仕様を確認する — 屋根工事

屋根は、建物の維持のために最も重要な部分ですが、使用する屋根葺《ふ》き材によって、その耐用年数に限界があります。寺院建築によく用いられる本瓦《ほんがわら》葺《ぶき》は、最も長く百年。一般住宅にも用いられる桟《さん》瓦葺は五十年。桧《ひのき》の皮を用いた桧皮《ひわだ》葺は三十年。薄い割り板を用いた柿《こけら》葺は二十五年。茅《かや》葺は二十年。そして五重塔に葺かれている銅板葺の耐用年限は五十年と言われています。

修理前の銅板葺は、昭和四十二年に葺き替えられたもので、約五十年が経過しています。この屋根が、さらに長く健全な状態を維持できるのか、あるいは雨漏《あまも》りが進行して、早急に葺き替える必要があるのか、見極めなければなりません。その破損状況とともに、どのような仕様になっているのか、確認する必要があります。そこで、五重目の屋根の隅《すみ》と、四重目の屋根の中央を、部分的に剥《は》がしました。

写真6—1は、板金《ばんきん》職人が、五重目屋根の隅の銅板を、部分的に剥がしているところです。基本となる一枚の銅板は、長さ六〇六㎜（二尺）、幅一二一㎜（四寸）、厚さ〇・三五㎜の銅板の四周を一五㎜（五分）折り曲げて、「ハゼ」と呼ばれる重ね代を造っています。そして、同じ銅板の小片で造った「吊《つ》り子」を各銅板のハゼに巻き込んで、銅板が屋根面からずれ落ちるのを防いでいます（**写真6—2**）。

そして、その下には黒い紙が貼られています。これは「アスファルト・フエルト」で、防水性能があります。万一、銅板に穴が開いて、雨が漏《も》ることがあっても、その下のアスファルト・フエルトで雨漏りを防ぐ役割を担っています。ところが、**写真6−1**を見ると、経年により、峰《みね》の部分のアスファルト・フエルトが劣化し、もはや防水性能は期待できない状態になっていました。

写真6−1　五重目屋根の隅の銅板解体中

写真6−3では、峰の部分のアスファルト・フエルトを切り取り、木の下地を現していますが、これは昭和四十二年の修理工事で取り替えられた材料です。全く雨漏りの痕跡《こんせき》はなく、五十年前の材料とは思えないほど、きれいです。

写真6−2　同上　銅板葺仕様　吊り子を銅板のハゼに巻き込んで止めている

写真6−4は、四重目の屋根の中央部分を、同様に解体したものです。このような部分解体は、発掘調査のトレンチ（溝状《みぞじょう》試《し》掘《くつ》）にも似て、全面的な解体の前に行い、見えない部分の破損状況や仕様を確認します。

結局、これまでの五十年間は、雨漏りがありませんでしたが、下地のアス

写真6−3　部分解体により、銅板葺、アスファルト・フエルト、野地板を現す

ファルト・フエルトが劣化していることと、今後少なくとも五十年は屋根の修理をしなくてもよいように、全面的に新しい銅板で葺き替えることにしました。

写真６－４　四重目屋根部分解体

縁板《えんいた》解体

屋根と同じく風雨に直接さらされる一重目の縁板《えんいた》は、最も破損しやすい部分です。縁板を解体しながら、その仕様を調査しました（写真6－5）。

縁板の樹種は欅《けやき》です。欅は木目《もくめ》が美しいので、塗装をし

写真６－５　縁板部分解体

ないでそのまま木地《きじ》を現すか（これを素木《しらき》と言います）、あるいは透《す》き漆《うるし》のような、木地が透けて見える塗装が一般的です。修理前の状態は、縁廻《えんまわ》りも外部と一連で、全体が赤色に塗装されていました。しかしながら、実は建立当初は、素木であったことが解りました。これについては、別項で詳しく述べます。

写真6－6　縁板裏面に残る与岐による加工痕

写真6－6は、縁板の裏面で、加工痕《こん》がはっきりと見えます。これは、与岐《よき》と呼ばれる斧《おの》の一種で、粗《あら》く斫《はつ》った痕跡です。

写真6－7　縁束・縁葛・縁繋の継手・仕口

写真6－7は、縁板の下の木組みです。縁全体の荷重を受ける縁束《えんづか》（短い柱状の材）と、その上に架けられ、縁板を先端で受ける「縁葛《えんかずら》」、縁束が外側に倒れないように五重塔本体の柱と縁束を繋《つな》ぐ「縁繋《えんつなぎ》」が、複雑な形状に加工されて、頑丈に組み合わさっています。

このような木材の接合技法を「継《つぎ》手《て》・仕口《しくち》」と言いますが、江戸時代までに百種類以上が考案され、その形状に合わせて個々の名称がつけられています。束と縁繋の仕口を「大入れ蟻掛《ありかけ》」と言います。そして、樹種は縁束と縁繋が欅、縁葛が杉です。

当初の塗装とその成分分析

五重塔は、外観が赤く塗装されていますが、これまで何度も塗り直されています。ところが、写真6ー8は、五重塔内部に残る建立当初の塗装です。写真6ー9は、同じ部分の拡大写真で、塗料が上に垂《た》れています。

これは、この部材が天地逆に置かれて塗られたことを物語っています。つまり、組み立てる前に部材を塗装し、内部は塗装する予定がないので、木組みの内側で止めているのです。塗装後に組み立てているのですから、当初の塗装であることが確実です。

写真６－８　五重塔内部の当初の塗装

伝統的な塗装としては、膠《にかわ》や油を用いる彩色《さいしき》と、漆を用いる漆塗があります。そして、赤・緑・黄・白などの色は、それぞれの鉱物などを粉砕した「顔料《がんりょう》」を用います。

赤色系の顔料としては、水銀化合物である「朱」、鉛化合物である「丹《たん》」、鉄化合物である「弁柄《べんがら》」・「丹土《につち》」などがあります。当初の顔料を正確に特定するため、科学的に成分を分析しました。その結果、鉄が主成分として検出され、「弁柄」あるいは「丹土」であることが、確認できました。

写真６－９　同上　部分拡大
塗装の垂れ方から見て、組み立て前に塗装したことが判る

まとめ

以上、解体に伴う仕様調査によって明らかになった、五重塔の屋根の銅板葺、縁廻り、塗装の仕様を詳しく述べました。これは五重塔の一部の仕様ですが、建立当初から近年の修理まで、各時代に用いられた材料・工法が確認できました。

同様の調査を建物全体にわたって行い、さらに全国の他の文化財建造物の仕様と比較することによって、大石寺五重塔の特徴を明らかにすることができます。

7 年代判定調査

第一項・二項において、文献史料や棟札《むなふだ》等の記録を元に、五重塔が寛延《かんえん》二(一七四九)年に創建されてから今日までの二百七十年弱の間に、享和《きょうわ》元(一八〇一)年、明治二十二(一八八九)年、昭和八年、昭和二十八年、昭和四十二年、以上五回にわたる維持修理が行われたことを報告しました。

これらの修理は、いずれも屋根の葺《ふ》き替えや、一重目の縁《えん》の破損部分の修理、および外部塗装の塗り替えを中心とした修理です。そして、屋根の葺き替えや塗装の塗り替えは、全面的に新たな材料で修理されますが、木部《もくぶ》は、健全な部分は残して、破損部分のみ、修理時の材料と工法で修理されます。したがって、五重塔には、創建当初と五回の修理時の、合計六時期の材料が混ざっていることになります。年代判定調査とは、各部材を丹念に観察し、その年代を判定する調査です。

年代判定調査の方法

年代判定に際して、次の三つの重要ポイントがあります。

①木材表面の風食《ふうしょく》や変色等の程度による新旧の判定
②釘穴《くぎあな》の有無と形状による新旧の判定
③木材表面に残る大工道具の加工痕《こん》による新旧の判定

次にそれぞれについて説明します。

木材表面の風食や変色等の程度による新旧の判定

木材の風食とは、木が長い間、風雨にさらされることによって、表面が徐々に摩耗《まもう》し、痩《や》せてくる現象です。軟らかい木は、早く風食が進み、堅い木は、風食の速度が遅いという違いはありますが、同一材種が同一条件下におかれた場合、風食の大きいものほど古い材料と言えます。この風食による判定は、外部木材の年代判定に有効です。ところが建物内部は、ほとんど風食が進みません。このような場合は、表面の変色や汚れの程度で、新旧を判定します。

釘穴の有無と形状による新旧の判定

日本の優れた伝統木工技術を誇って、「この建物は木組みだけで、釘は一本も使われていない」と言われることがありますが、それは間違いです。木組みが有効な部分には木組み、木組みが使えない部分は釘や鎹《かすがい》等の金物と、適材適所に木組みと金物を使い分けます。そして、修理に際しては、破損部分のみならず、周辺の健全な部材もいったん解体し、必要な補修や取り替えを行った上で、再度組み立てます。

その際、古材が釘止めされていた場合は、もう一度釘止めされることになりますが、以前と同じ釘穴では、充分な強度が得られないため、その脇に釘を打ちます。したがって、古材には以前の釘穴と、新たな釘穴の両方があることになります。何度も同じ所が修理され、そこに創建当初からの部材が残っていれば、その材料には修理ごとの新たな釘穴が加わることになります。一方、新材には当然、新しい釘穴一つしか残りません。

また、日本の伝統的な釘は、一本ずつ鍛冶《かじ》職人が金槌《かなづち》で叩《たた》いて造っており、その時の釘の胴体の断面は四角でした。ところが、現在の釘は、針金を材料として機械で作っており、釘の胴体の断面は丸です。これらを区別して、「角釘」と「丸釘」と呼びます。また、角釘は和風の釘、丸釘は洋風の釘という意味で、「和釘」と「洋釘」とも呼ばれます。そして、洋釘は、明治中頃から国産化されます。したがって、地域差はありますが、洋釘が使われていると明治中頃以後、和釘が使われていると明治中頃以前と判断できます。

木材表面に残る大工道具の加工痕による新旧の判定

木材の製材技術は、時代が降《くだ》るにつれて徐々に発達してきました。原始時代は、石器や金属の斧《おの》で木を伐採し、ほとんど加工することなく使っていました。弥生時代には木を横に切る鋸《のこぎり》が使用されていました。木の葉のような形から、「木の葉型鋸」と呼ばれます。飛鳥時代には仏教が伝来し、新たな大工道具として鑿《のみ》や釿《ちょうな》なども伝来しました。しかし、この時代にはまだ木を縦に切る鋸はなく、木目《もくめ》を切るように点々と鑿を打ち込み、さらに楔《くさび》を打ち込んで縦に割《さ》いていました。これを「打ち割り法」と呼びます。打ち割った木の表面は荒《あ》れていますので、表面を釿で斫《はつ》って、平らにします。

さらに平滑《へいかつ》な肌にするには、ヤリガンナという柄《え》の先に槍《やり》のような刃が付いた道具で表面を削《けず》ります。また、屋根裏のように隠れて見えない部分は、仕上げる必要がないので、丸太の側面を、与岐《よき》と呼ばれる斧の一種で粗《あら》く削って、ほぼ角材に整えます。

十四世紀頃になると、縦挽《たてび》き鋸である「大鋸《おが》」と、表面を平滑にする台鉋《だいがんな》が中国から伝来します。ここでようや

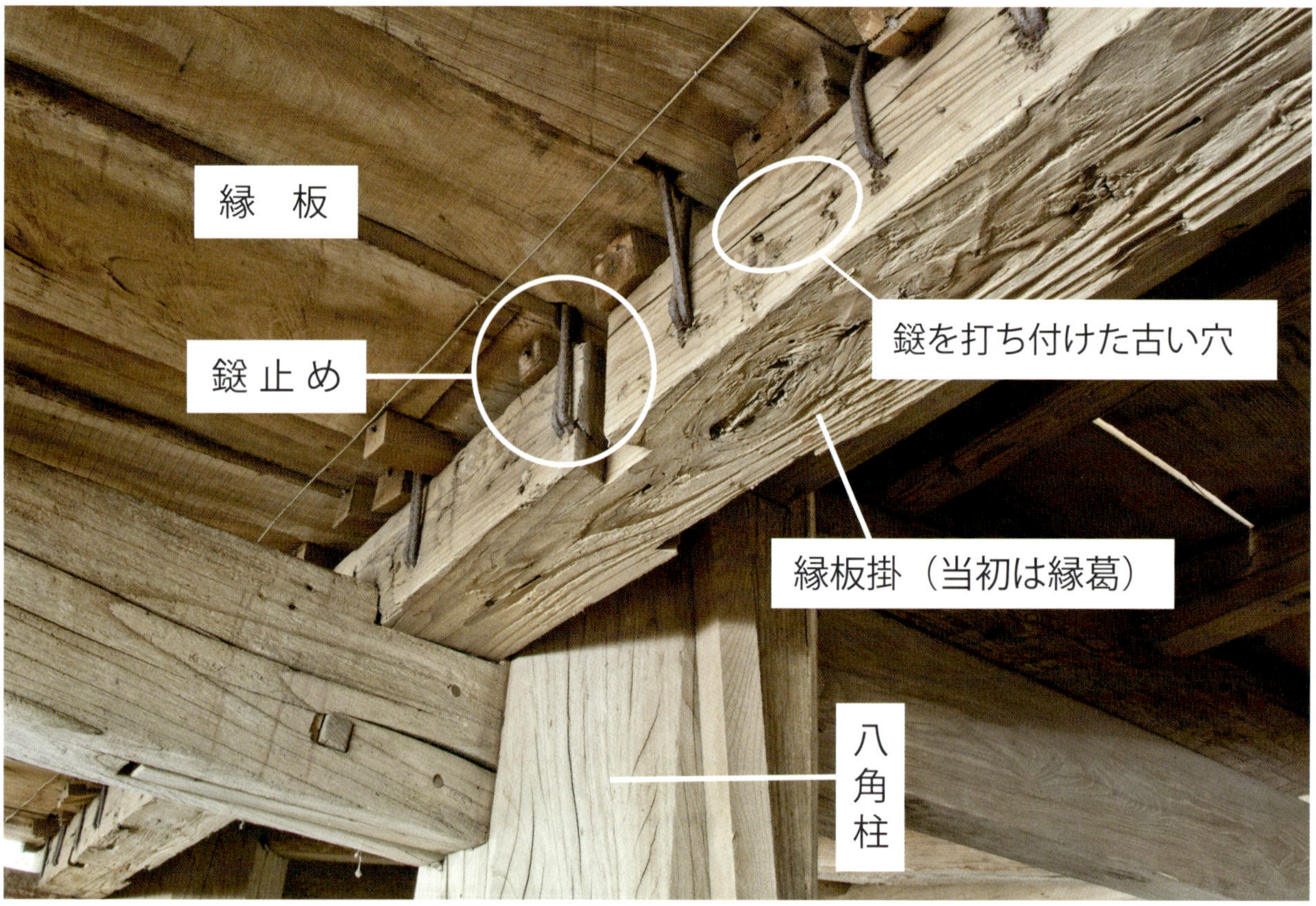

写真7ー1　一重目縁下　画面右上から左下の延びる縁板掛とその上の縁板は鎹止め。縁板掛には、古い鎹の穴も多数残る。風食痕もあり、当初は縁葛であったことが判明した

く木を縦に挽き割る鋸が出現するわけです。この大鋸は、初期は長い鋸の両端に人がいて、二人で操作する大型の鋸でしたが、のちに幅の広い鋸の端部に柄が付いた、一人用の「前挽き大鋸」に改良されます。

　明治中頃になると、水力や電力を利用して、円盤状の歯を回転させて切断する「丸鋸《まるのこ》」が出現します。そして、昭和以降には帯状の歯で切断する「帯鋸《おびのこ》」が使われるようになりました。したがって、木材表面に残る加工痕によって、年代を推定することができます。

五重塔の年代判定

　五重塔が建立された寛延二年には、既に大鋸や台鉋が使用されていました。そして柱、貫《ぬき》、壁や、軒裏《のきうら》を支える組物《くみもの》と呼ばれる主要部材などは、隠れて見えない部分まで、これらの大工道具を用いて、丁寧に加工されています。そして、これらの材料は、今なお創建当初の材料が残っています。一方、屋根や縁板《えんいた》などは、修理のたびに取り替えられ、各時代の材料が混ざっています。

　写真7ー1は、一重目の縁下の写真ですが、中央の八角柱は当初材です。その左側、画面の右上から左下へ延びる材料は縁板が掛かる「縁板掛」です。その上に載っている左側の板が縁板です。縁板掛から縁板がずれ落ちないよ

写真7－2　縁板裏面　与岐斫りの加工痕

写真7－3　縁板裏面　前挽き大鋸の加工痕

写真7－4　縁板裏面　丸鋸の加工痕

写真7－5　縁板裏面　帯鋸の加工痕

うに、鎹《かすがい》で止め付けています。

ところが、縁板掛をよく見ると、現在の鎹以外にも、古い鎹を打ち付けた穴が多数残っています。しかも、直接雨がかからないにもかかわらず、風食痕があります。実はこの部材は、当初はここに使われたものではなく、縁の外周部で縁板を受ける「縁葛《えんかずら》」と呼ばれる部材で、享和元年の修理の際に、ここに転用されたことが判りました。

このほか、平滑に仕上げなくてもよい縁板の裏面には、写真7－2～5の通り、与岐斫《はつ》り、前挽き大鋸、丸鋸、帯鋸による加工痕が残っています。縁廻りの部材の釘穴痕等も合わせて、与岐斫りが享和元年修理時、前挽き大鋸が明治二十二年修理時、丸鋸製材が昭和八年修理時、帯鋸製材が昭和二十八年と昭和四十二年の修理において、それぞれ取り替えられたものであることが判明しました。

まとめ

部材の年代判定が確定することによって、いつ、どの部分が、修理や改変を受けたかということが、明らかになります。そして、修理回数が多い部分ほど破損しやすい部分であることや、次項で説明する痕跡調査と合わせて、建立後の改変による建物の変遷過程も明らかになります。年代判定調査は、文化財修理にとって欠かせない重要な調査と言えます。

8

痕跡調査と復原的考察

―飾金具と一重目の縁―

五重塔は、寛延《かんえん》二（一七四九）年に創建されてから今日までの二百七十年弱の間に、五回にわたる維持修理が行われました。これらの修理は、いずれも屋根の葺《ふ》き替えや、一重目の縁の破損部分の修理、および外部塗装の塗り替えを中心とする修理です。

そして、修理に際しては、単に破損した部分をそのまま直すだけではなく、改変を伴うこともあります。その改変部分を、部材に残る痕跡《こんせき》を調査し、改変前の状態を解き明かした上で現状のままとするか、元の状態に復原するか、判断しなければなりません。

五重塔では、飾金具《かざりかなぐ》と一重目の縁および屋根において、改変の跡を確認することができました。

痕跡を読み解く

かつて複数の部材が組み合わさっていた状態から、後世になって一部の部材を取り外すと、そこに取り外した跡、すなわち痕跡が残ります。そのような痕跡の主なものを挙げると、次の四つがあります。

①風食痕《ふうしょくこん》
②圧痕《あっこん》
③釘跡《くぎあと》
④仕口痕《しくちこん》

次に、それぞれについて説明します。

風食とは、木が長い間、風雨にさらされることによって、表面が徐々に摩《ま》耗《もう》したり痩《や》せてくる現象ですが、表面に何か取り付いていると、その部分だけ風食せず、取り付いた跡が風食差（風食痕）となって残ります。

写真8―1は、一重目の台輪《だいわ》と呼ばれる部材に取り付けられた飾金具の写真ですが、現状の飾金具の左側に少しずれて、ほとんど同じ形状の風食痕が確認できます。つまり、かつて取り付いていた飾金具が破損したために、それを取り外し、新たに作った飾金具を取り付けたところ、同一形状にしたつもりが、少し長さが短く、以前の飾金具が取り付いていた風食痕と、ずれてしまったわけです。

次に、圧痕とは、木の表面に固いものが押し付けられてできる痕跡です。ほとんど風食しない建物内部で確認できる痕跡です。

写真8―2は、一重目内部の腰長押《こしなげし》

写真８－１　一重目外部の現状飾金具と当初飾金具の風食痕

という部材に取り付けられた飾金具の写真ですが、現在取り付けられている八角形の飾金具の外側に、かつては一回り大きい八角形の飾金具が取り付けられていた跡が、はっきりと見えます。内部なので腰長押は全く風食しておりませんが、かつての飾金具の取り付き痕が、圧痕となって残っているのです。

写真８－２　一重目内部の現状飾金具と当初飾金具の圧痕

釘跡とは、釘で止められていた部材が取り外されても、その相手となる部材に、釘そのものや抜かれた釘の穴が残ることです。

最後に、仕口痕について説明します。我が国では木を組み合わせる技術が高度に発達しましたが、複数の材料を同一方向に繋《つな》いで、長く延ばしていく場合の接合部を「継手《つぎて》」、異なる方向の部材を組み合わせるための接合部を「仕口」、そして両者を合わせて、接合技法全体を「継手・仕口」と言います。江戸時代までに、百種類を超える継手・仕口が考案されました。

写真８－３は、一重目の縁板を解体している途中の写真です。縁板の下の

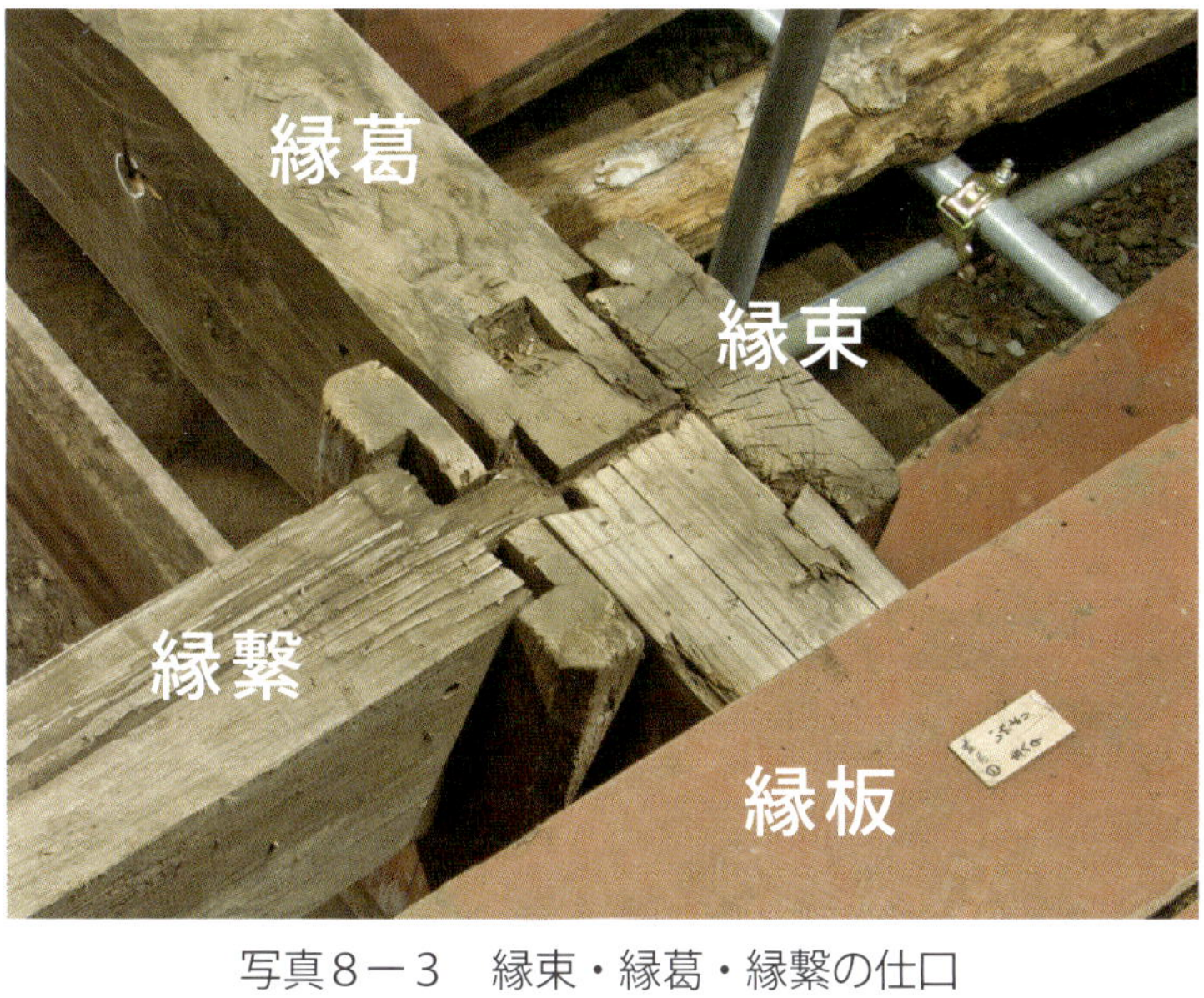

写真８－３　縁束・縁葛・縁繋の仕口

写真８－４　一重目縁の現状　縁繋の中ほど上半に、四角い欠き込み（根太の仕口）が残る

木組みとして、縁を支える「縁束《えんづか》」と、縁板を先端で受ける「縁葛《えんかずら》」、縁束が倒れないように縁束と柱を繋ぐ「縁繋《えんつなぎ》」、これらの部材が縁束の頂部で組み合わさっています。地震時にも外れないよう、複雑な形に加工されています。これが継手・仕口です。

写真8―4は縁の下の写真です。右側に縁束、左側に柱が立ち、両者を繋ぐ縁繋が床板のすぐ下にあります。そして、縁繋と直交して、縁束には縁葛が、柱の脇には縁板掛《えんいたかけ》が手前から奥に架け渡されています。また、縁繋の中ほど上半に、四角い欠き込みが見えます。これも仕口の一つで、かつてはここにも根太《ねだ》と呼ばれる部材が、縁葛や縁板掛と平行に架け渡され、縁板を中央で受けていました。**図8―1**は、根太があった当初の状態を復原したものです。

写真8―5・6は、縁板掛の同じ部分を内外両側から見たものです。両面に欠き込みがありますが、これも仕口で、その形は**写真8―3**の縁葛の欠き込みと同じ形状です（ただし**写真8―3**の縁葛は、仕口の中央で二本に分かれています）。

また、**写真8―5・6**の縁板掛の下面中央には、釘穴が多数残っています。そして表面が著しく風食しています。実は、これは当初の縁葛で、享和《きょうわ》元（一八〇一）年の修理の際に、それを鋸《のこぎり》で上下半分に挽《ひ》き割って、その上半分を天地逆にして、縁板掛に転用したのです。

縁と飾金具の修理

痕跡調査を元に、縁の改変の過程と

写真８－５ 縁板掛（当初の縁葛）に残る仕口を内側から見る

写真８－６　同右　外側から見る

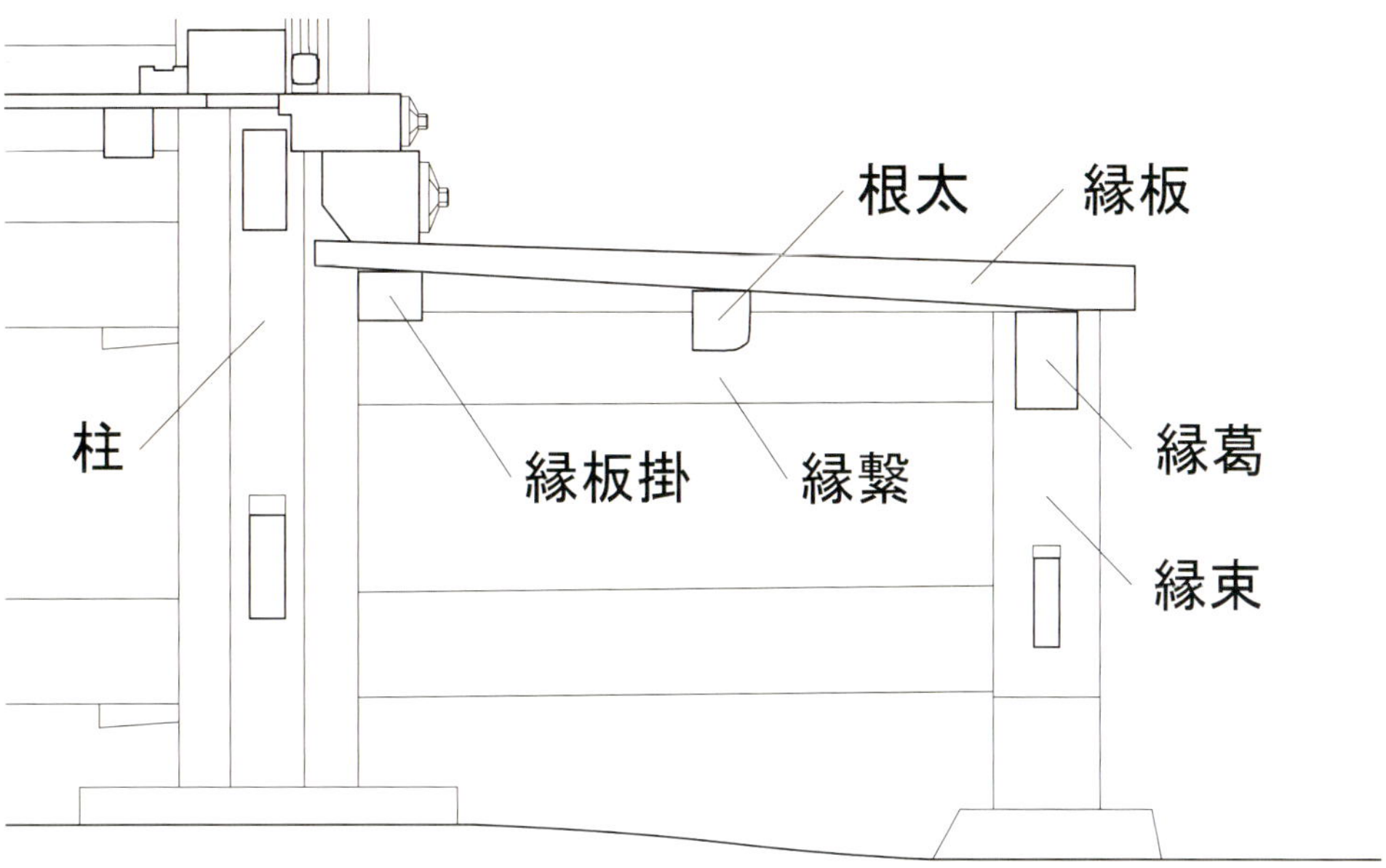

図８－１　一重目縁の当初復原図

当初の姿（図8－1）が明らかになりました。そして前項で説明しました年代判定調査によって、縁板には当初材がなく、すべての縁板が、享和元年以降の修理で取り換えられたものであることが確認できました。

縁の下が目につかない部分であること、縁板を中央で受ける根太がなくても、強度的には全く問題がないことから、今回の修理では現状のままとし、敢《あ》えて復原は行わないことにしました。

写真8－1の飾金具のうち、現状と当初の風食痕がずれているものについては、当初の形状に復原することにしました。**写真8－2**の飾金具も現状のものは当初のものより一回り小さいのですが、当初の飾金具については、大きさが判るのみで、彫金《ちょうきん》された文様は不明です。完全な復原ができませんので、現状のものをそのまま残すことにしました。

9

痕跡調査と復原的考察

―屋根の復原―

　現在の五重塔の屋根は銅板葺《どうばんぶき》です。これは、昭和四十二年の修理で改変されたものです。それ以前は、第一重から四重までが瓦棒《かわらぼう》亜鉛《あえん》鉄板葺、第五重が桟《さん》瓦葺でした。瓦棒亜鉛鉄板葺というのは、まず板張りで平らな屋根面を造り、その上に瓦棒という蒲鉾《かまぼこ》状の木を一定間隔で平行に打ち付け、こうして出来た瓦葺のような形状の木製下地の上に、亜鉛鉄板を葺《ふ》いたものです。

　では、なぜ昭和四十二年の修理において、このような改変が行われたのでしょうか。この時の修理では、建立当初は五重全体が桧皮《ひわだ》葺であったと推定されました。

　桧皮葺とは、桧《ひのき》の皮を何十枚も葺き重ねたものです。御影堂は、建立当初のおよそ七十年が茅《かや》葺で、その後、明治三十四（一九〇一）年の修理までは桧皮葺、それ以後は瓦棒銅板葺となりました。三門も、建立当初は桧皮葺で、大正元年に亜鉛板葺、昭和十年に現在の瓦棒銅板葺に改変されました。つまり、御影堂も三門も、近代になって瓦棒銅板葺に改変されましたが、それ以前は桧皮葺だったのです。

　そこで五重塔も同様に、かつては桧皮葺であったと推定されたのです。

　ところで、桧皮葺の寿命は三十年程度です。したがって、完全な桧皮葺に復原すると、三十年ごとに屋根の葺き替えを行う必要があります。

　また、材料が桧の皮ですから、瓦や金属板に比べると燃えやすく、火災に弱いと言えます。そこで、昭和四十二年の修理では、今後の維持と防災を考慮して完全な桧皮葺ではなく、桧皮葺をまねた銅板葺に改められたのです。

旧屋根の痕跡

　五重塔の内部の梯子《はしご》を上っていくと、三重目の屋根裏が**写真9－1**、それ以外の各重の屋根裏が**写真9－2**の通り、見えます。**写真9－1**は椹《さわら》や杉の薄い割り板を葺き重ねたもので「柿《こけら》葺」と言います。桧皮葺や瓦葺と共に、よく用いられる屋根葺き工法です。最初は、この柿葺が建立当初の屋根葺き材であると、直感的に思いました。

　さらに調査を重ね、各重の屋根裏の狭い空間を軒先に向かって進んでいくと、現在の屋根下地の一段下に当初の材料が残っていることに気付きました

写真９−２　初重屋根裏（二重目、四重目裏も同じ）

写真９−１　三重目屋根裏

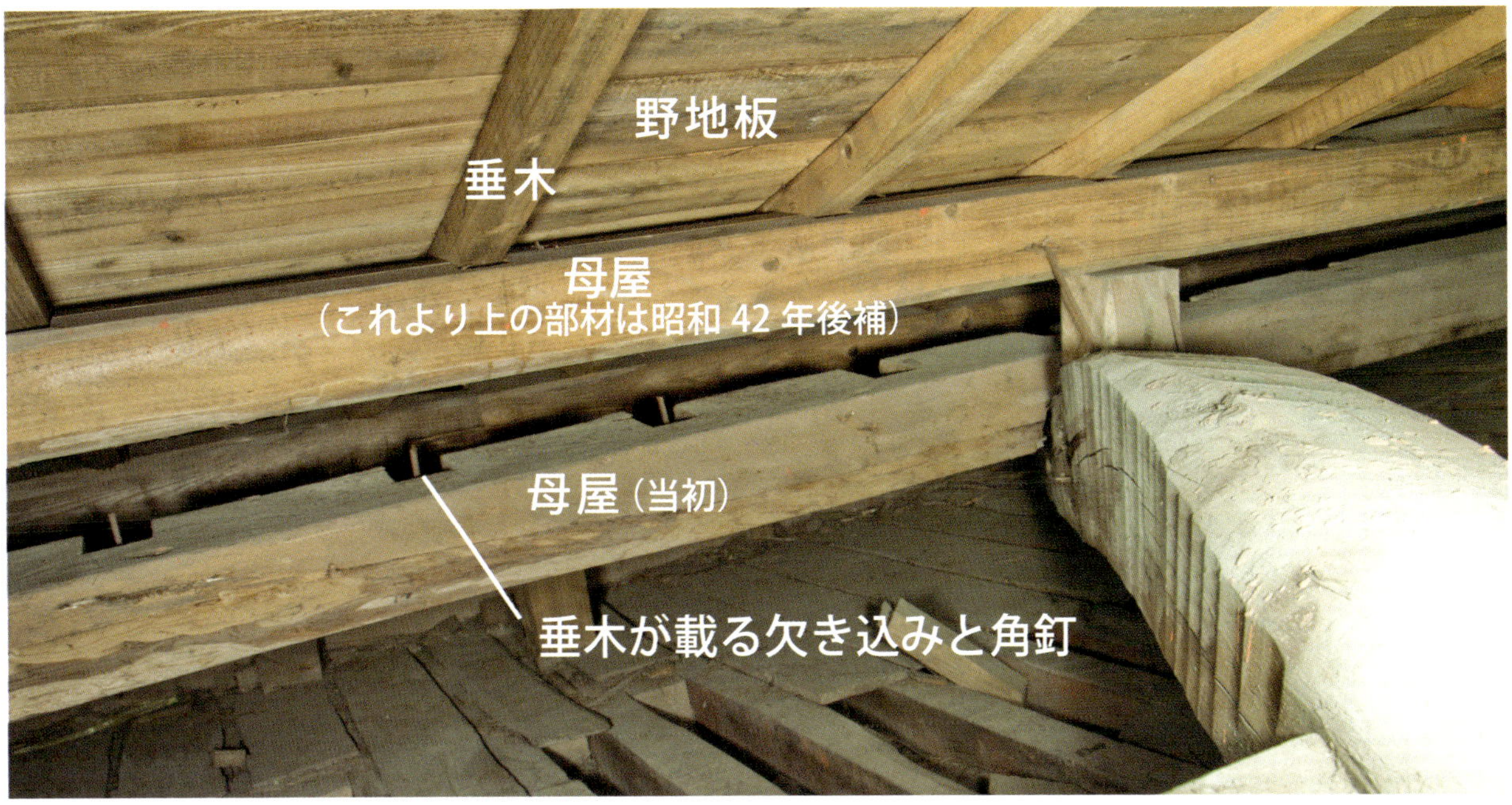

写真９−３　昭和42年修理において作られた屋根下地と、その下に残る当初の母屋

（写真9−3）。

具体的に説明しますと、現在の銅板葺の下地は、下から母屋《もや》、垂木《たるき》、野地板《のいた》と呼ばれる部材が交互に向きを変えながら組み立てられ、その上に銅板が張られています。いずれも昭和四十二年の修理で取り替えられた材料です。

そして、母屋の一段下には、今は用をなしていない古い母屋が残っています。その上角《うわかど》には当初の垂木が載っていた欠き込みと、それを止めた角釘まで残っています。実は、これが建立当初の母屋です。

図9−1はこの部分の断面図で、撤去された当初の垂木を、破線で復原的に描いています。現在の屋根の断面線と大きくずれています。

史料に記された屋根

第二項（18ページ）にも記しましたが、昭和四年に刊行された『富士大石寺案内』には五重塔に関して、

「元《も》と銅葺なりしが近世誤りて亜鉛葺に改めしも忽《たちま》ちに朽敗《きゅうはい》せるを以《も》って瓦葺となし

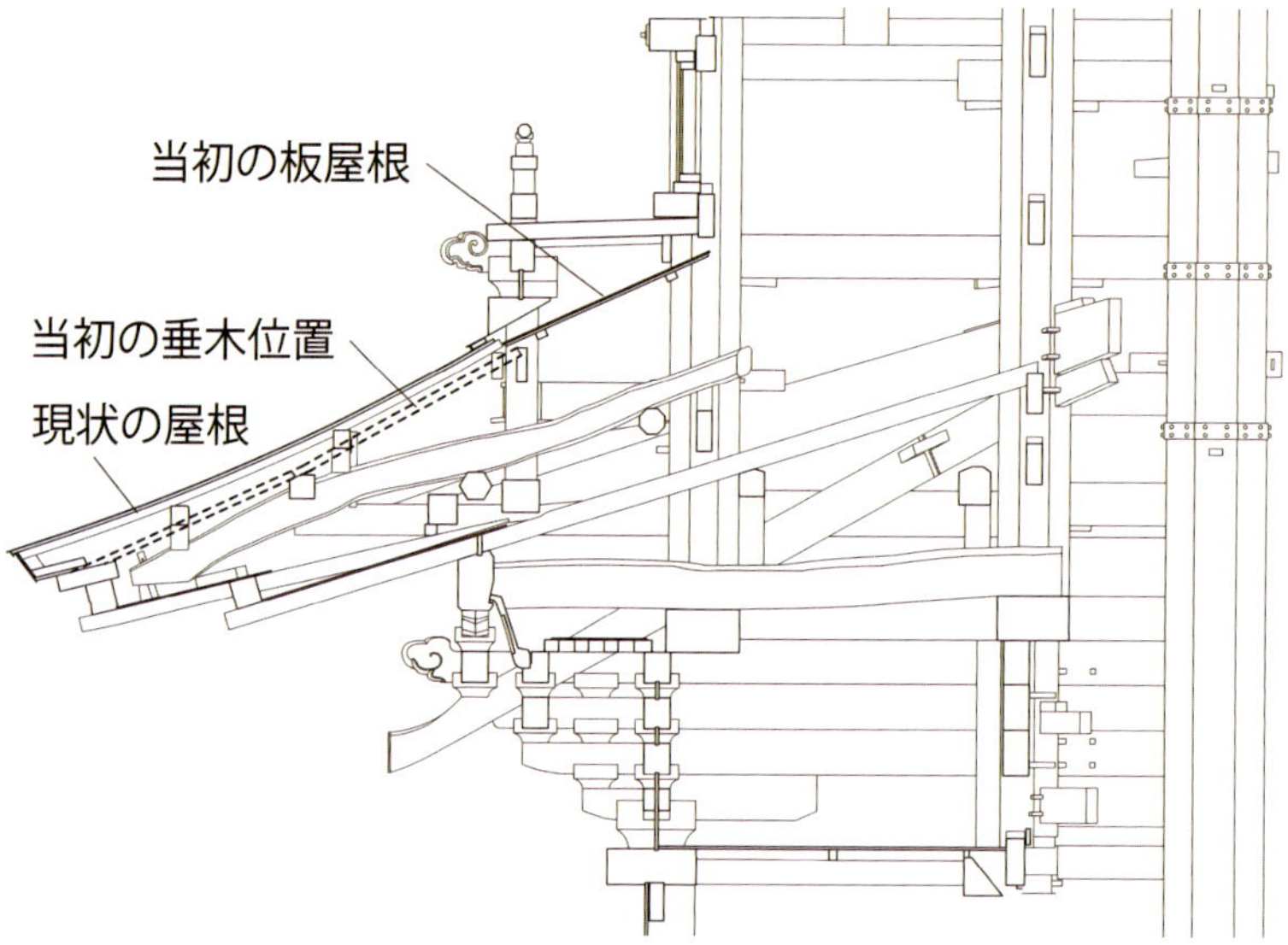

図９－１　初重屋根断面図

たり、日下山門と共に大修繕を加ふべき時に当《あた》れり」（該書二四ページ）と記されています。

ここに記された元は銅葺で、それを亜鉛葺に改めたというのは、瓦棒葺という形式はそのままで、金属板を銅板から亜鉛板（もしくは亜鉛メッキ鉄板）に改めたと考えられます。

そして、それがたちまち朽敗したので瓦葺にしたというのは、屋根全体ではなく、五重目のことと考えられます。また、これを裏付ける昭和中期の古写真（**写真9－4**）もあります。

この史料と前述の痕跡から、当初は桧皮葺ではなかったと確信し、これを裏付けるさらに古い史料を宗務院教学部に探していただきました。

その結果、御教示いただいたのが、安政年中（一八五四～一八五九）に描かれた『大石寺春景図』（玄中寺蔵）の五重塔（**写真9－5・6**）と、寛延《かんえん》二（一七四九）年に記された『五重宝塔供養法則』に記された屋根に関する記述です。

『大石寺春景図』には、御影堂と三門の屋根が桧皮葺であるのに対し、五重塔の屋根には瓦の線が描かれています。

また『五重宝塔供養法則』には、屋根に関し、次の通り記されています。

「上ニハ覆《ふせ》テ二銅ノ瓦ヲ一為シ二信心堅固ノ苫《とま》ト一
下ニハ敷ヒテ二樫板《かたきもの》ヲ一為セリ二行法不退ノ縁ト一
五千之高欄ニハ施シ二微妙ノ紅粉ヲ一
百千之龕室ニハ與フ二清浄ノ香油ヲ一
中心ノ檫《しんばしら》ノ高キコト十餘丈也
四弘ノ層《こしやね》ノ廣キコト方七間也
妙法ノ九輪ハ以テ二唐金ヲ一而成セリ
華臺ノ露盤ハ以テ二同金ヲ一而作レリ
五重ノ組ミ上ケハ高ク二於雲井ニ一

写真９－４　昭和中期の五重塔（個人蔵）

四面ノ荘厳ハ耀ク二於日光ニ一」

特に、赤字の部分によると、屋根は銅瓦葺、つまり瓦棒銅板葺で、その下には堅い板が敷かれています。そして、九輪《くりん》と露盤《ろばん》は唐金《からがね》（青銅）で、これは今なお当初材が残っています。

これで当初の屋根は瓦棒銅板葺であったことが確実になりましたが、その下に敷かれた堅い木が問題です。ここで気が付くのは、三重目以外の屋根裏に見える**写真9－2**の板張りです。

正確に言うと、これは縁の下の板屋根で、万一、縁板の目地から雨が漏《も》っても、板屋根の上を水が流れ、内部に漏らないように手当てしたものです。

『五重宝塔供養法則』に記された瓦棒銅板葺の下に敷かれた堅い板というのも、これと同様の板だったのでしょう。そして、三重目以外に残る板屋根が建立当初で、むしろ三重目の柿葺が、後世の修理による改変と考えられます。

今回の屋根の修理方針

以上の通り、建物に残る痕跡と史料から、建立当初の五重塔の屋根は、瓦棒銅板葺であることが明らかになりました。昭和四十二年の修理で、当初は桧皮葺と推定されたのは誤りで、桧皮葺の形状をまねたことにも意味がなくなりました。

そこで今回、判明した当初の瓦棒銅板葺に復原するか、現状の形式のまま維持修理として新たな銅板に葺き直すか検討しました。その結果、今回の修理では現状の形式とし、復原は将来の修理に委《ゆだ》ねることにしました。

写真9－5　『大石寺春景図』安政年間（1854～1859）玄中寺蔵

写真9－6　同右　五重塔拡大部分

10

木部の修理と組み立て

今回の五重塔の工事は、雨漏《あまも》り等によって腐朽《ふきゅう》・破損した木部《もくぶ》の修理と、屋根の銅板葺《どうばんぶき》の葺《ふ》き替え、および外部塗装の塗り替えが主な内容です。これらのうち、木部の破損箇所は、五重目の屋根裏と縁廻《えんまわ》りの腐朽です。

これらを修理するためには、いったん破損箇所の周辺の部材を解体し、腐った部分を取り除く必要があります。そして、古材に新材を矧《は》ぎ合わせる「矧木《はぎき》」、古材の中に新材を埋め込む「埋木《うめき》」、古材に新材を継ぐ「継木《つぎき》」等、あるいは部材全体の取り替えなど、破損状況に応じて必要な処置を行い、元通りに組み立てます。矧木、埋木、継木等は、古くからある伝統的な修理方法です。

屋根裏腐朽部分の修理

写真10－1は、五重目屋根上にある、相輪《そうりん》の最下段の露盤《ろばん》を受ける部材です。

建立当初の材料（当初材と言う）ですが、雨漏りによって内側がひどく腐っています。しかし、まだ健全な部分も充分残っています。

そこでいったん、これらの部材を解体し、腐った部分を取り除いた上で、健全な当初材に新材を矧ぎ合わせて元通りにします。使用されている木材は欅《けやき》ですので、補足する材料も同じ欅を用います。

また当初材の表面の仕上げは鉋《かんな》で削《けず》っていますので、補足材も鉋で削りました。このように文化財の修理では、修理に際して古い材料と同一材料、同一工法を用いることを原則とします。**写真10－2**は、矧木補修を終えて、元の位置に組み立てた状態の写真です。

写真10－3は、**写真10－1**の下の柱で、左義長柱《さぎちょうばしら》と言います。塔独特の柱です。これも一連の雨漏りによってひどく腐っています。腐った部分を取り除いたのが**写真10－4**です。ひどく腐っていたように見えても、それは柱全体の八分の一ほどで、残りはまだまだしっかりしています。**写真10－5**は、矧木補修したあとの状態で、一本の柱が当初の姿に甦《よみがえ》りました。

写真10－6・7も、屋根を支える小屋組の部材ですが、破損部分が丁寧に修理されています。いずれも当初材で、このように古材を丁寧に修理し、少しでも多くの古材を残そうとするの

写真１０－２　同右　修理後
腐朽部分を取り除き、矧木を行った

写真１０－１　露盤受木破損状況
露盤と伏鉢の隙間から雨が漏り、腐朽した

写真１０－５　同右　修理後
１本の柱として甦った

写真１０－４　同右　腐朽部分撤去後　腐朽部分は１／８程度で、残りは健全

写真１０－３　左義長柱
雨漏りによる腐朽が著しい

写真１０－７　母屋矧木補修中
それぞれの破損部分の形状に合わせて、新材が矧木されている

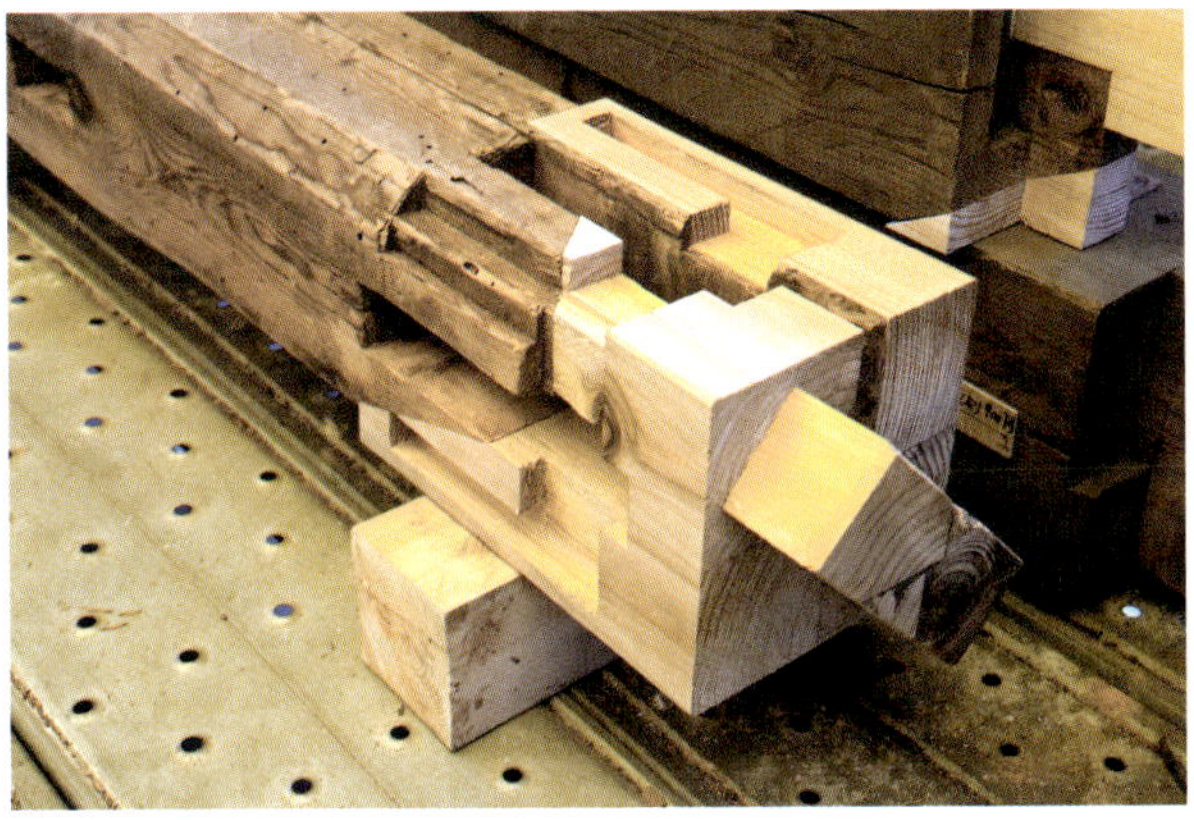

写真１０－６　小屋束修理後　複雑な仕口（接合部）も旧形に合わせて加工されている

写真10－8　五重目屋根　型板を使って屋根の反りを確認

写真10－9　同上　野垂木取り付け完了

が、文化財修理の特徴です。

以上、一つひとつの部材の修理を終えて、組み立てが進められました。**写真10－8**は、小屋組が出来た段階で、型板を使って屋根の反《そ》りを確認しているところです。長年の間に木材が捻じれ、狂っていますが、最終的には美しい反りに仕上げなければなりません。その下地調整が重要なのです。

そして、野垂木《のたるき》と呼ばれる細い材料が打ち付けられ**（写真10－9）**、その上に野地板《のじいた》が張られ**（写真10－**

写真10ー10　五重目屋根　野地板取り付け完了

写真10ー12　縁束足元の加工。大工は、つらい姿勢にもかかわらず、きれいに加工する

写真10ー11　縁束足元破損状況

10）、屋根の下地が完成しました。

縁廻り腐朽部分の修理

縁板の破損につきましては、第五項（32ページ）で報告しました。その下の木組みも部分的に破損しています。

写真10ー11は、縁を支える束《つか》「縁束《えんづか》」の足元が腐った状況です。でもその上は全く腐っていません。そこで、腐った部分のみ切り取り、新しい木を継ぎます。根元を継ぐという意味で「根継《ねつぎ》」と言います。

この作業をするのに、木組み全体を解体する必要はありませんので、大工は寝転がるなどして、束の下端を加工することになります**（写真10ー12）**。

つらい姿勢での作業ですが、そ

写真１０－１３　縁束下端の加工　十字目違継

写真１０－１４　根継材の加工

写真１０－１５　縁束の根継
加工された新材を旧材に継ぐ

れでもきれいに加工しています（写真10－13）。そして、新材を加工して、根継が行われます（写真10－14・15）。

まとめ

文化財の修理では、単に様式的な目に見える部分の意匠《いしょう》の保存に努力するだけでなく、部材そのものが文化財として貴《とうと》ばれます。修理技術者は、修理時に可能な限り古材を残そうと苦心しますが、それは単に古いものに対する骨董品《こっとうひん》的な価値を認めているのではなく、部材の一つひとつが、当時の技術面、例えば製材するのに大鋸《おが》という縦挽《たてび》き鋸《のこぎり》を使ったり、丸鋸や帯鋸による製材であったり、あるいはその仕上げとして釿《ちょうな》で斫《はつ》っていたり、台鉋《だいがんな》をかけていたり、そのような工具の痕跡、職人の技術のほどが、生きた証拠として残っているから貴重なのです。それが、当時の文化のみならず、社会的・経済的側面をも伝えているのです。

古い材料を悪い所だけ修理するとなると、継ぎ矧《は》ぎになったり、古い傷や狂いや汚れが残り、必ずしも見栄《みば》えがいいとは言えません。しかし、それでも敢《あ》えて古材を残そうとするのは、そのような理由によるのです。

11

屋根の桧皮葺型銅板葺

修理前の屋根は、桧皮葺《ひわだぶき》型銅板葺《どうばんぶき》でした。これは、昭和四十二年の修理で葺《ふ》き替えられたものです。それまでは、第一から第四重までが瓦棒《かわらぼう》亜《あ》鉛《えん》鉄板葺、第五重が桟瓦《さんがわら》葺でしたが、建立当初は桧皮葺であったと推定し、今後の維持と防災を考慮して、桧皮葺型銅板葺に変更したのです。

　しかし、建立当初が桧皮葺であると推定したのは誤りで、実は現在の御影堂や三門のような、瓦棒銅板葺であったことが、今回の修理工事における調査で明らかとなりました。このことについては、第九項（50ページ）で、詳しく述べています。そして、今回の修理工事において、当初の形式の瓦棒銅板葺に復原するか、現状の形式のまま維持修理として新たな銅板に葺き直すか、慎重に検討しました。その結果、今回の修理では、現状の形式とし、復原は将来に委《ゆだ》ねることにしました。

写真１１－１　桧皮葺
桧の皮を少しずつずらして重ねる

桧皮葺を模した銅板葺

昭和四十二年の修理では、なぜ桧皮葺にしなかったのでしょうか。桧皮葺というのは、長さ約六〇cm、厚さ一mmほどの桧《ひのき》の皮を、軒先から一二mmずつずらしながら、重ねて葺く方

写真１１－２　同上　軒付
桧の皮を束にして積み上げる

法で（写真11－1）、葺き重ねた平均の厚さは五cm強になります。この厚さでは軒先が貧弱に見えますので、軒先は「軒付《のきづけ》」と言って、桧の皮を束ねたものを厚く重ねます（写真11－2）。

建物の規模にもよりますが、五重塔の規模ですと、二五cm～三〇cm程の厚みにすると、格好が良く見えます。ところが、この桧皮葺は高価で、しかも三十年に一回くらいの割合で、葺き替える必要があります。

また、火災に弱く、桧皮葺屋根の京都御所の小御所が、昭和二十九年の鴨川の花火大会の打ち上げ花火の残り火によって焼失したという事故もありました。

今後の維持と防災を考慮してというのは、端的に言いますと、維持修理の経費と火災を考慮してということになります。

当時は、同じ理由により、他の文化財修理においても、桧皮葺から桧皮葺を模した銅板葺に、しばしば変更されました。

では、桧皮葺型銅板葺というのは、どのような屋根でしょうか。まず、桧皮葺の軒付や屋根の仕上がった状態を木（野地板《のじいた》）で造ります。それを下地として、表面に銅板を葺くのですが、万一、銅板の下まで雨が浸み込んだとしても、その下で雨漏《あまも》りをくい止めるよう、木の表面に、防水シートを敷きます。

昭和四十二年の修理では、紙にアスファルトを浸み込ませたアスファルト・フエルトが敷かれていました。その上に葺く銅板は、幅の広い銅板ではなく、横長の幅の狭い短冊状の小板《こいた》にし、それを繋《つな》いでいくことによって、屋根に水平な細い筋が見えるようにします。こういう葺き方を一文字《いちもんじ》葺と言います。その筋が見えることによって、桧皮葺の風合いに近づけようとするのです。

今回の桧皮葺型銅板葺

まず防水下地として、野地板の上に、ゴム系ルーフィングを、屋根全面に敷きました（写真11－3）。この材料は、幅一m、長さ二〇m、厚さ〇・八mmのロール状で、屋根面に敷くときに継目ができます。継目は、雨が漏らないように、左右二〇cm、上下一〇cm重ねました。

屋根一文字葺部分は、厚さ〇・三五mm、幅三六五mm、長さ一二一二mmの銅板を、六枚に切断し、幅一二二mm、長さ六〇六mmの小板にします。そして、その小板の端部を折り曲げ、隣り合う銅板を繋ぐための噛合《かみあ》わせである「ハゼ」を造ります（写真11－4）。

ハゼの寸法は、縦ハゼは左右とも一

写真１１－３　ゴム系ルーフィングと銅板葺

写真１１－４　銅板小板端部のハゼと吊り子

写真１１－５　隅の蛤葺施工中

写真１１－６　同右　完了

五㎜、横ハゼは毛細管《もうさいかん》現象で水の吸水率《きゅうすいりつ》が高いため、上ハゼを一五㎜、下ハゼを一八㎜とします。その結果、屋根面に現れる一枚の小板の寸法（これを働き寸法と言う）は、幅七〇㎜、長さ五六〇㎜となります。

このように加工した銅板を下地に固定する方法として、吊《つ》り子を使用します。吊り子は、屋根に使用する銅板と同じものを使い、幅三㎝、長さ六㎝程度に切断し、下端一㎝を折り返し、屋根葺銅板の上ハゼ部に引っ掛け、下地に釘で止めます。吊り子の使用数は、基本的に一㎡あたり六、七枚程度です。

屋根銅板一文字葺は、屋根面中心から割り付け、墨《すみ》出しを行い、中央から左右に葺き上げます。

隅《すみ》の部分は、桧皮葺の隅の形状に合わせて、蛤《はまぐり》のような形状に加工したものを葺きます（写真11―5・6）。これを蛤葺と言いますが、特殊な加工のため、下地の曲面に合わせて、銅板の切断と、ハゼの加工を行います。

軒付は、軒反り曲線に合わせて銅板を加工するために、厚紙で型を取り、墨出しを行います。割付寸法は、縦の寸法は下地寸法を四段に割り、横寸法は屋根板寸法の半分にしました（写真11―7・8）。

写真１１－８　同右　取り付け後

写真１１－７　軒付
隅の銅板を下地に合わせて加工する

写真11－9　五重目屋根　桧皮葺型銅板葺施工中

最後の仕上げとして、ハゼ均《なら》しを行います。ハゼの高さをそろえながら、横ハゼを叩《たた》き整えます。この時、ハゼをつぶしすぎると、毛細管現象で漏水《ろうすい》しますので、均し用の刀刃《かたなば》を用いて、多少、ハゼを浮かせるように叩きます。

まとめ

屋根は雨漏りせず、長持ちすることが最も重要なことです。

しかしながら、日本建築の優美な美しさは、軒先の反りと、屋根の反りの曲線に大きく左右されますので、美しく屋根を仕上げることも重要です。曲面に銅板を美しく、しかも雨漏りしないように葺くためには、銅板葺に熟練した職人の高度な技術が必要です。

12

弁柄塗と飾金具の復原

五重塔の外部に施された塗装は、建立当初から修理前まで、何度も塗り直されていましたが、第六項（37ページ）で述べました通り、内部に建立当初の塗装が残っており、これを忠実に再現することにしました。

また飾金具《かざりかなぐ》も、第八項（46ページ）で述べました通り、修理前の飾金具は、後世に取り換えられたものです。しかしながら、当初の飾金具は失われているものの、それが取り付けられていた木の表面にに、当初の飾金具の風食痕《ふうしょくこん》が残っており、外形は正確に判りました。そこで、この風食痕をもとに、飾金具を当初の形状に復原することにしました。

本項では、これらの復原の考察から実施に至る経緯を詳しく述べます。

当初塗装「弁柄塗」の復原

伝統的な塗装としては、膠《にかわ》や油を用いる彩色《さいしき》と、漆《うるし》を用いる漆塗があります。そして、赤・緑・黄・白などの色は、それぞれの色の鉱物などを粉砕した「顔料《がんりょう》」を用います。

五重塔の塗装は、膠を用いた彩色で、主要部分に赤、連子窓《れんじまど》に緑、木の端部の割れを防ぐために塗る白、その他各所に黒が塗られています。

ひとくちに赤と言っても、赤色の顔料には各種あります。水銀化合物で鮮やかな「朱」、鉛化合物で黄味がかった「丹《たん》」、鉄化合物で黒味がかった「弁柄《べんがら》」・「丹土《につち》」などがあります。そこで、当初の顔料を正確に特定するため、科学的に成分を分析しました。その結果、鉄が主成分として検出され、弁柄あるいは丹土であることが確認できました。そして、その色合いをもとに、最終的に弁柄であると判断いたしました。

また、当初の塗装をよく観察すると、表面の赤色層の下にもう一層、黄味がかった赤色層があることが判りました**（写真12−1）**。これは丹です。上塗の弁柄の発色を良くするために、下塗として丹を塗っていたのです。

こうして、当初の塗装を特定いたしましたが、弁柄でも精製過程で多少色合いが異なりますので、何種類も色見本を造って、当初の色合いに可能な限り近づけました**（写真12−2）**。

これまでに何度も塗り直されてきた五重塔ですが、近年の塗り直しでは、

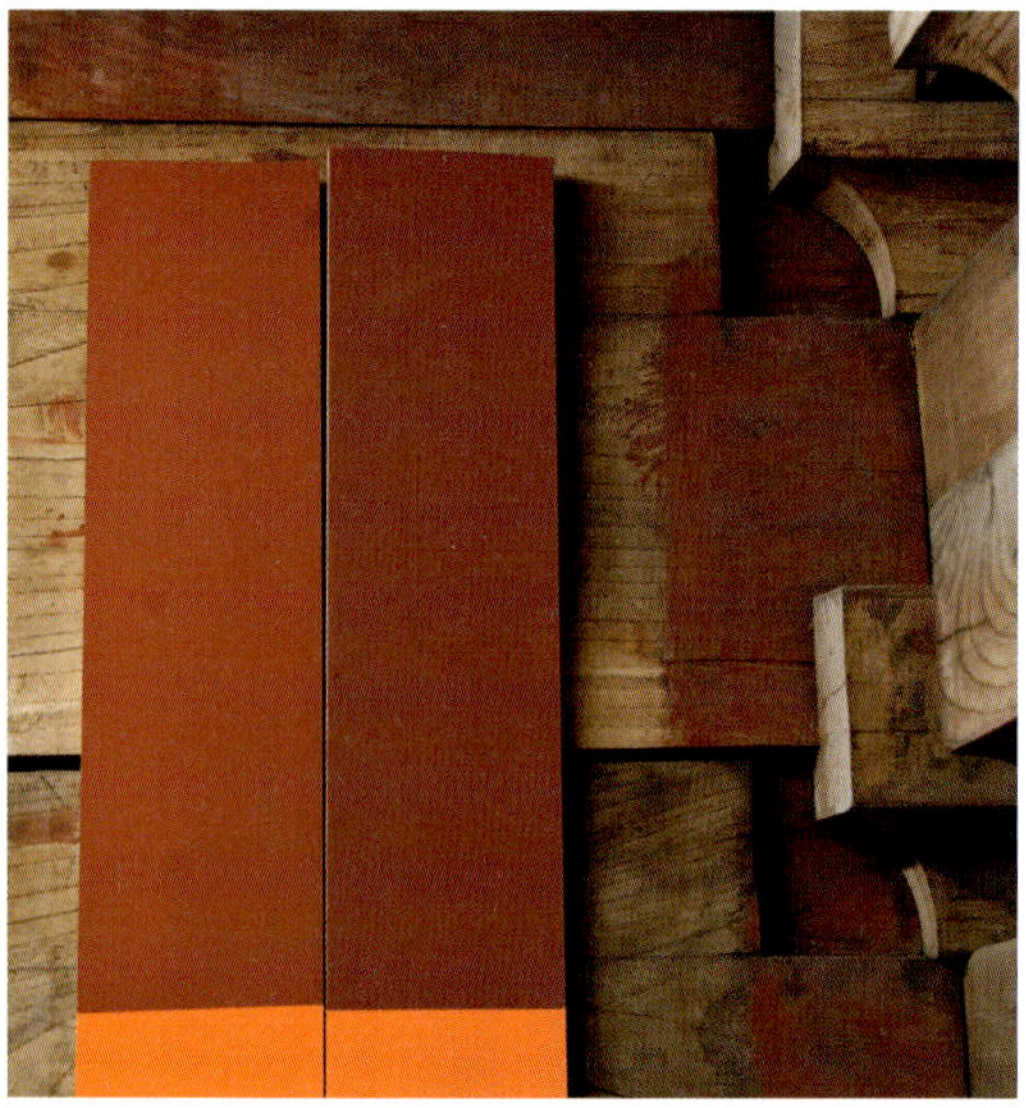

写真１２−２　当初の塗装と復原色見本

写真１２−１　内部に残る当初の塗装

写真１２−３　後補塗装の剥がし取り作業

膠を用いた伝統的な塗料ではなく、合成樹脂塗料が塗られていました。この上に、膠を用いた塗料を塗り重ねると、早く剥《は》がれ落ちてしまいます。そこで、いったん古い塗装を剥がし取る必要があります。しかも、その下の木地《きじ》が傷《いた》まないように、塗装のみを丁寧に剥がし取る必要があります。彩色の職人が、専用の工具を使って、手作業で剥がしていきます（写真12−3）。剥がした塗料の粉塵《ふんじん》が舞い上がるなか、つらい姿勢で行う大変な作業です。

　完全に旧塗装を剥がし取ると、新たに塗る塗料の浸《し》み込みを調整するため

写真１２−４　丹の下塗作業

に、礬水《どうさ》を塗ります。これは、膠とミョウバンを混合した水溶液で、日本画や書などに用いる紙や布、および建築彩色の木部《もくぶ》に、浸み込み止めとして塗る伝統的な手法です。礬水を塗ることを「礬水引き」と言います。

　礬水引きによる木地固めを行ったあと、下塗の丹を塗ります（写真12―4）。

写真１２－５　初重蟇股彩色作業

　また、初重には「蟇股《かえるまた》」と呼ばれる装飾が付いており、そこには絵師が彩色を施します（写真12―5・6）。

　そして、上塗として、弁柄を塗ります（写真12―7）。

　作業を行った平成二十八年は雨が多く、塗装の乾燥に時

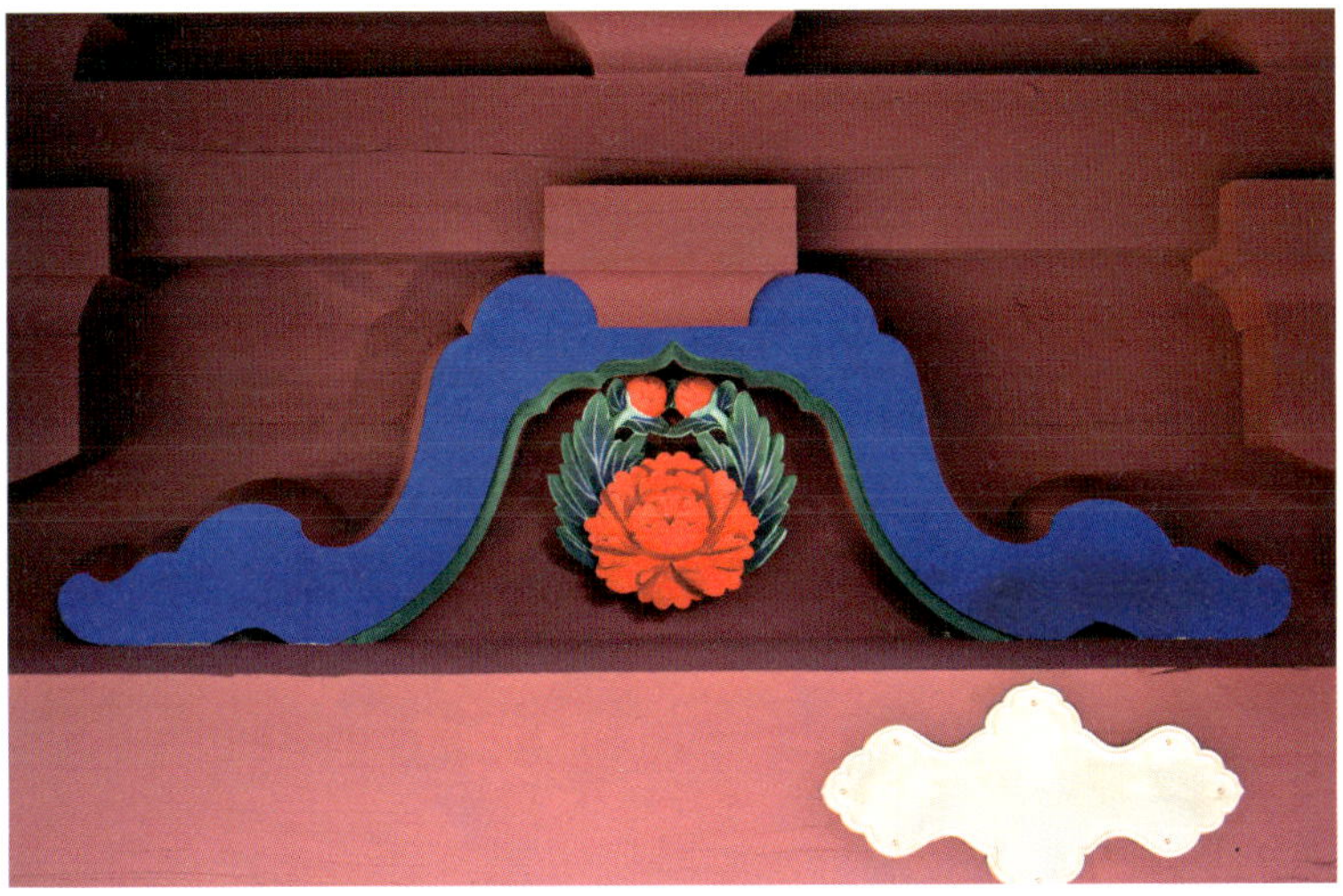

写真１２－６　同上　彩色完了

写真１２－７　弁柄による上塗途中

間が掛かりましたが、工程をうまく調整し、作業を進めました。

このあと、木の端部に白（胡粉《ごふん》）、菱格子《ひしごうし》や拳鼻《こぶしばな》彫刻の曲線部分（写真12―8）に黒（墨）を塗って、塗装を完了します。

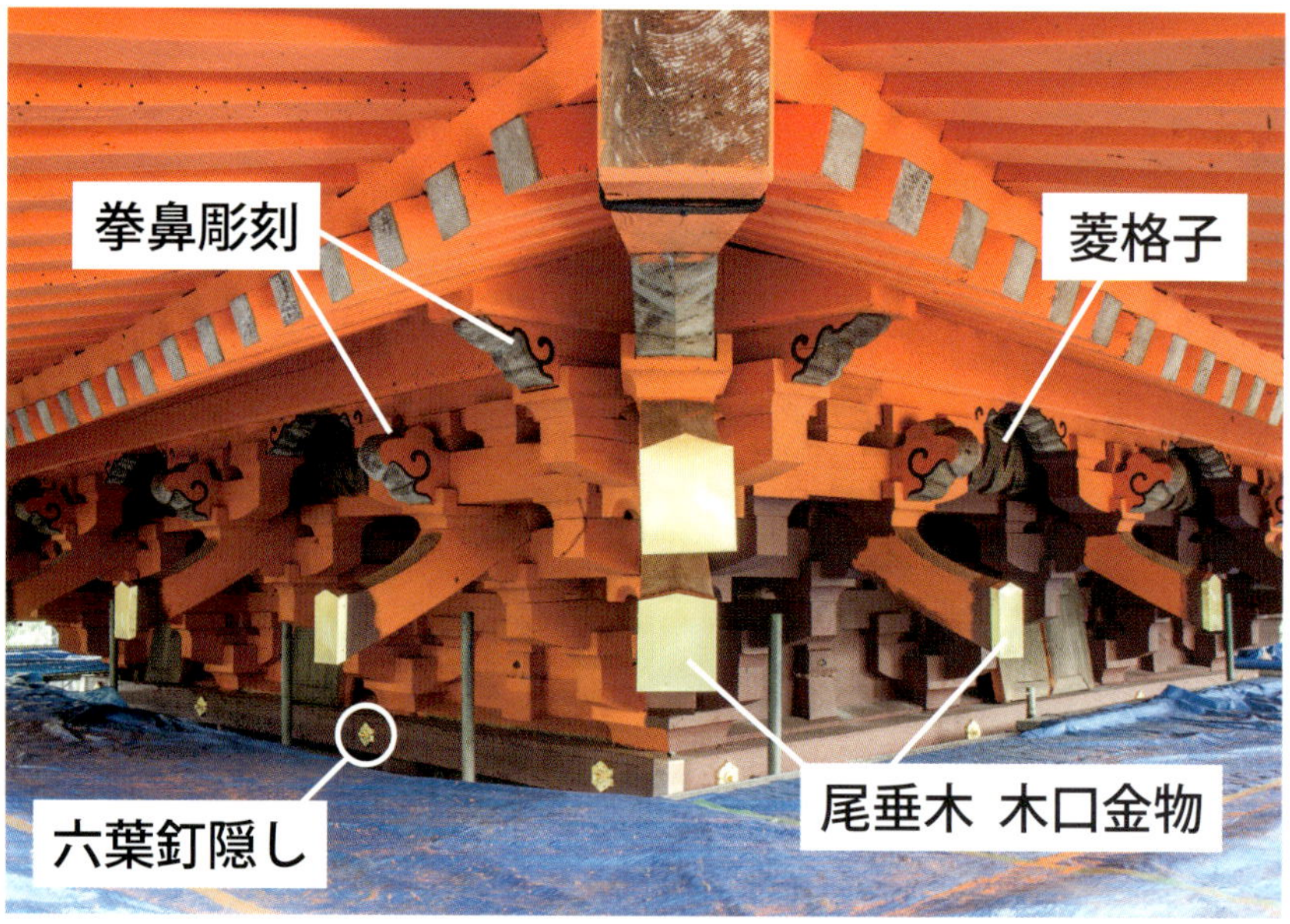

写真１２−８　五重塔軒裏の部材名称

飾金具の復原

五重塔の飾金具には、尾垂木《おだるぎ》先端の木口《こぐち》金物、台輪の六葉《ろくよう》釘隠し（写真12―8）、縁土台の隅《すみ》の八双《はっそう》金物、刎高欄《はねこうらん》の架木《ほこぎ》先端の木口金物（写真12―9）等があります。これらはいずれも銅板を加工し、金色に仕上げます。金色に仕上げる伝統的な方法として、銅板に金鍍金《ときん》（メッキ）を施す方法と、漆を接着剤として、金箔《きんぱく》を貼る（金箔押

写真１２−９　五重塔縁廻りの部材名称

写真１２−１０　縁土台の後補八双金物と木部に残る当初金物の風食痕

し）方法があります。建物内部には金鍍金、外部には金箔押しのほうが、耐久性が高いと言われており、使い分けます。

　これらの飾金具も、後世の修理で取り替えられていましたが、修理前には、仕上げの金箔が長年の風雨で消滅し、銅板が緑青《ろくしょう》色になっていました（写真12―10）。

　また、縁土台の隅の八双金物は、修理前の八双金物と当初の八双金物の風食痕が大きくずれており（写真12―11）、大きさと形状が異なっていましたので、当初に復原することにしました。一重から四重まで形状は同じですが、大きさが少し異なっていましたので、それぞれの場所の風食痕を調べ、微妙な大きさの違いまで忠実に復原しました。

　製作に際しては、まず風食痕の拓本を取り、それを修正した原寸図（実物大の図面）を作成しました。その原寸図をもとに、大阪にある飾金具の工房で銅板を加工し、金箔押しを施しました。建設当初と同一形状のみならず、製作方法も同じです。

　こうして復原したのが、写真12―12です。写真12―11の風食痕と比べると、完全に一致していることが確認できます。

まとめ

　本項では、仕上げの工程である弁柄塗と飾金具の復原について述べました。弁柄塗は、内部で発見された当初の塗装を、成分分析と色合いによって弁柄塗であると特定し、丹を用いた下塗も含めて、忠実に復原しました。また、飾金具は、風食痕によって当初の形状が判るものは、これも忠実に復原しました。いずれも、日頃から文化財修理に携わっている優れた職人が、伝統的技術を駆使して復原したものです。隠れて見えない木部の補修から、屋根の葺き替えを経て、仕上げの弁柄塗と飾金具の復原へと進みました。

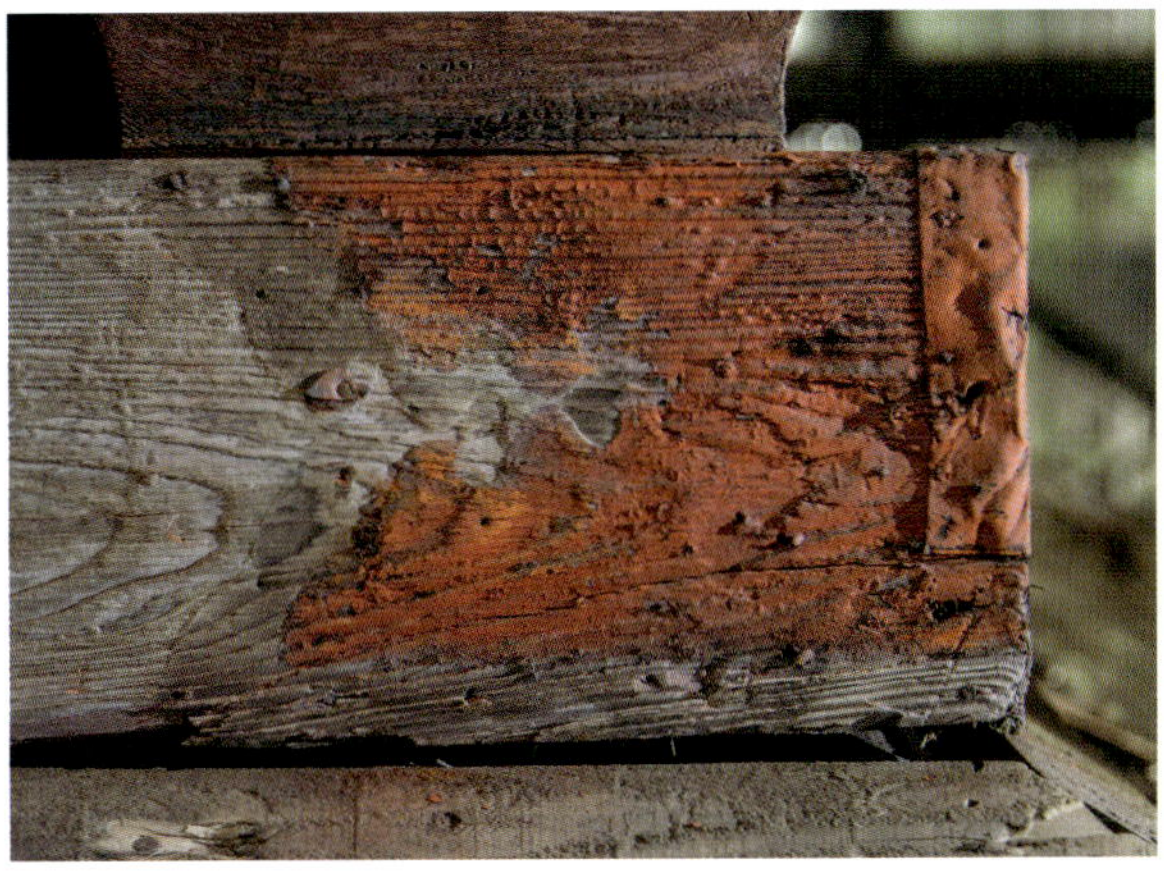
写真１２－１１　同右　後補八双金物撤去後

写真１２－１２　同右　復原完了

13

大石寺五重塔の建築的特徴

五重塔の修復工事がほぼ終わると、工事期間中に五重塔を風雨から守っていた仮設の素屋根《すやね》も、平成二十八年十一月初めに撤去されました。そして、工事によって荒《あ》れた周囲の地盤を整えて、十二月初めに、すべての工事が完了しました。

前項までで、主な修理工事の内容を説明いたしましたので、最後の締め括《くく》りとして、大石寺五重塔の建築的特徴について、意匠《いしょう》と構造の両面から説明したいと思います。

意匠的特徴

飛鳥時代の仏教伝来以来、様々な仏教建築が建立されましたが、その様式は、「和様《わよう》」と「唐様《からよう》」に大別されます。この二つの様式概念が現れるのは、鎌倉時代からです。鎌倉時代に中国から相次《あい》いで二つの新様式が伝来しました。一つは平重衡《たいらのしげひら》によって焼き討ちされた東大寺の復興のために、俊乗房重《しゅんじょうぼうちょう》源《げん》が導入した中国の様式です。もう一つは、新たに中国から伝来した禅宗に伴う様式です。これらを区別する必要から、現代の学術用語として大仏様《だいぶつよう》、禅宗様《ぜんしゅうよう》と称しますが、古くはこれらを合わせて、唐様と呼びました。

唐様とは、海の彼方《かなた》の進んだ文化に、あこがれの気持ちを込めて用いた、新様式に対する呼称です。この新様式、唐様に相対《あい》する概念として、我が国に古くからある様式という意味の和様があります。日本様《にっぽんよう》、大和様《やまとよう》、倭様《わよう》とも呼ばれます。和様もその起源は、奈良時代に遣唐使《けんとうし》の派遣によって招来《しょうらい》した中国唐《とう》代の様式ですが、平安時代に日本独自の変化・発展を遂げました。日本化したわけです。

当時の人々にとっては、我が国に古くからある様式で、これを唐様と対比して和様と呼んだのです。そして、これは日本人の国民性だと思いますが、外国から進んだ文化が伝来すると、それに一変するのではなく、従来の伝統的な文化も存続します。そして両方の良いところを、うまく共存させていきます。このような見方をすると、近代における洋風文化の導入も、よく理解できます。純粋な和様、唐様に加えて、それらをうまく組み合わせた建物が造られました。わび茶の創始者と目《もく》される村田珠光《むらたしゅこう》が『心の文』のなかで、

「此道《このみち》の一大事ハ、和漢のさかい《境》をまぎらかすこと肝要云々」

写真１３－１　初重中央の扉は桟唐戸
蟇股彫刻は中央が三つ葉葵紋、両脇は近衛牡丹紋　軒裏の支輪は菱格子

と、その極意を端的に表現しています。珠光にとって「此道」とは茶道のことですが、「和漢のさかいをまぎらかす」とは、和様・唐様の共存を意味します。それが重要であるのは、茶道のみに限ったことではなく、日本文化すべてに当てはまるでしょう。

　さて、大石寺の五重塔の様式を見ますと、基本的には和様です。大石寺に限らず、五重塔は和様で造られるのが一般的です。ところが大石寺の五重塔には、二つの点で唐様が用いられています。まず一つは初重中央の扉「桟唐戸《さんからど》」です（写真13—1）。それ以前の扉は、全面に分厚い板を用いたもので、板唐戸と言います。ここにもなぜか「唐」という文字が含まれていますが、唐様とは関係なく和様です。一方、桟唐戸は、禅宗建築とともに伝来した新しい形式の扉で、桟の間に薄い板を嵌《は》め込みますので、使用する木材が少なく、軽い扉です。意匠的にも華やかですので、和様建築でも扉だけは桟唐戸にすることがよくあります。

　もう一つは軒裏《のきうら》の垂木《たるき》と呼ばれる部材の並べ方です。和様ではすべての垂木を平行に並べます。これを平行垂木と称します。ところが唐様では、中央から隅《すみ》に向かって放射状に並べます。まるで扇を広げたようですから、扇垂木と称します。いずれにしても、軒が反《そ》っていますので、正確

写真１３－２　軒裏　四重までは平行垂木、五重は扇垂木

に等間隔に割り付けるのは、難しい幾何学《きかがく》的作図法が必要になります。これを大工道具である指矩《さしがね》（曲尺《かねじゃく》とも言う）一つの操作で行います。「規矩術《きくじゅつ》」と言いますが、我が国が誇る伝統的な大工技術です。大石寺の五重塔では、初重から四重までが和様の平行垂木、五重のみが唐様の扇垂木となっています**（写真13－2）**。このように、同一建物で垂木の形式を変える例は少ないのですが、三明寺三重塔（一五三一年建立・愛知県豊川市）も、最上重のみ扇垂木となっています。一方、日蓮宗の池上本門寺五重塔（一六〇七年建立・東京都大田区）は、初重のみ平行垂木、二重目より上が扇垂木となっています。塔ではありませんが、大石寺三門（一七一七年）も初重が平行垂木、二重が扇垂木となっています。

　次に、細部意匠に関する特長として、蟇股《かえるまた》と露盤《ろばん》および釘隠し金具に用いられた「三つ葉葵《あおい》紋」と「近衛《このえ》牡丹《ぼたん》紋」があります。蟇股とは、その輪郭が、蟇が股を開いたような形をしていることからそう呼ばれます。そして、江戸時代には、そのなかに彫刻が付きます。彫刻の題材には、仙人などの人物や、龍・麒麟《きりん》・師子などの霊獣《れいじゅう》、鳳凰《ほうおう》・鸞《らん》・孔雀《くじゃく》などの霊鳥《れいちょう》、身近な花鳥や草花などが一般的です。ところが、五重塔では、四面とも、中央に三つ葉葵紋、両脇に近衛牡丹紋**（写真13－1・3・4）**が用いられています。露盤に付く彫刻もこれと同じです**（写真13－5）**。塔の初重内部には、この二つの紋の釘隠し金具が付いています。三つ葉葵紋は徳川家、近衛牡丹

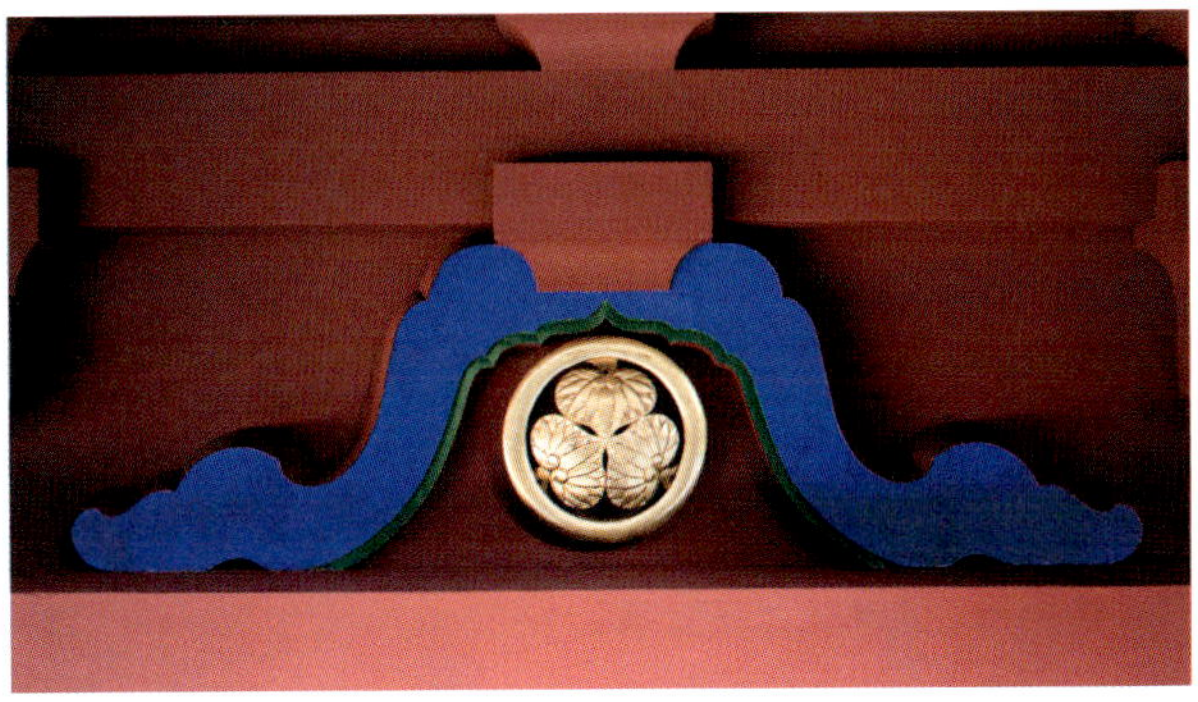

写真１３－３　初重蟇股　三つ葉葵紋

写真１３－４　同右　近衛牡丹紋

写真１３－５　露盤　中央は三つ葉葵紋、両脇は近衛牡丹紋

写真１３－６
初重隅木下邪鬼（西北隅）

写真１３－７　教王護国寺五重塔
初重隅木下邪鬼

写真１３－８　仁和寺五重塔
初重隅木下邪鬼

紋は近衛家の家紋で、五重塔建立にかかわったという伝承のある、六代将軍家宣《いえのぶ》公の正室・天英院殿は、近衛家から嫁いでいます。したがって、これらの家紋から、天英院殿が深くかかわっていたことが推察されます（百々正寿師の『大石寺五重塔に関する一考察』を参照）。

　次に、初重の四隅には邪鬼の彫刻があります（**写真13―6**）。軒が下がらないように支えているのです。同じ位置に邪鬼を用いた類例としては、教王護国寺（東寺）五重塔（一六四三年建立・京都市南区　**写真13―7**）や仁和寺五重塔（一六四四年建立・京都市右京区　**写真13―8**）があります。教王護国寺と仁和寺の邪鬼が、顔を下に向け、窮屈な姿勢で押さえ付けられているのに対して、大石寺の邪鬼は、顔を正面に向け、胸を張ってこの塔を支えているように見えます。

軒裏には「支輪《しりん》」と呼ばれる部材があります。一般的には平行な縞《しま》模様で、蛇のお腹に似ていることから「蛇腹《じゃばら》」とも呼ばれます。ところが大石寺五重塔では、平行ではなく菱格子《ひしごうし》になっています（写真13－1）。より華やかな意匠にしようとする意図を感じます。類例には、鶴林寺鐘楼《しょうろう》（一四〇七年建立・兵庫県加古川市　写真13－9）、同寺本堂内厨子《ずし》などがあります。

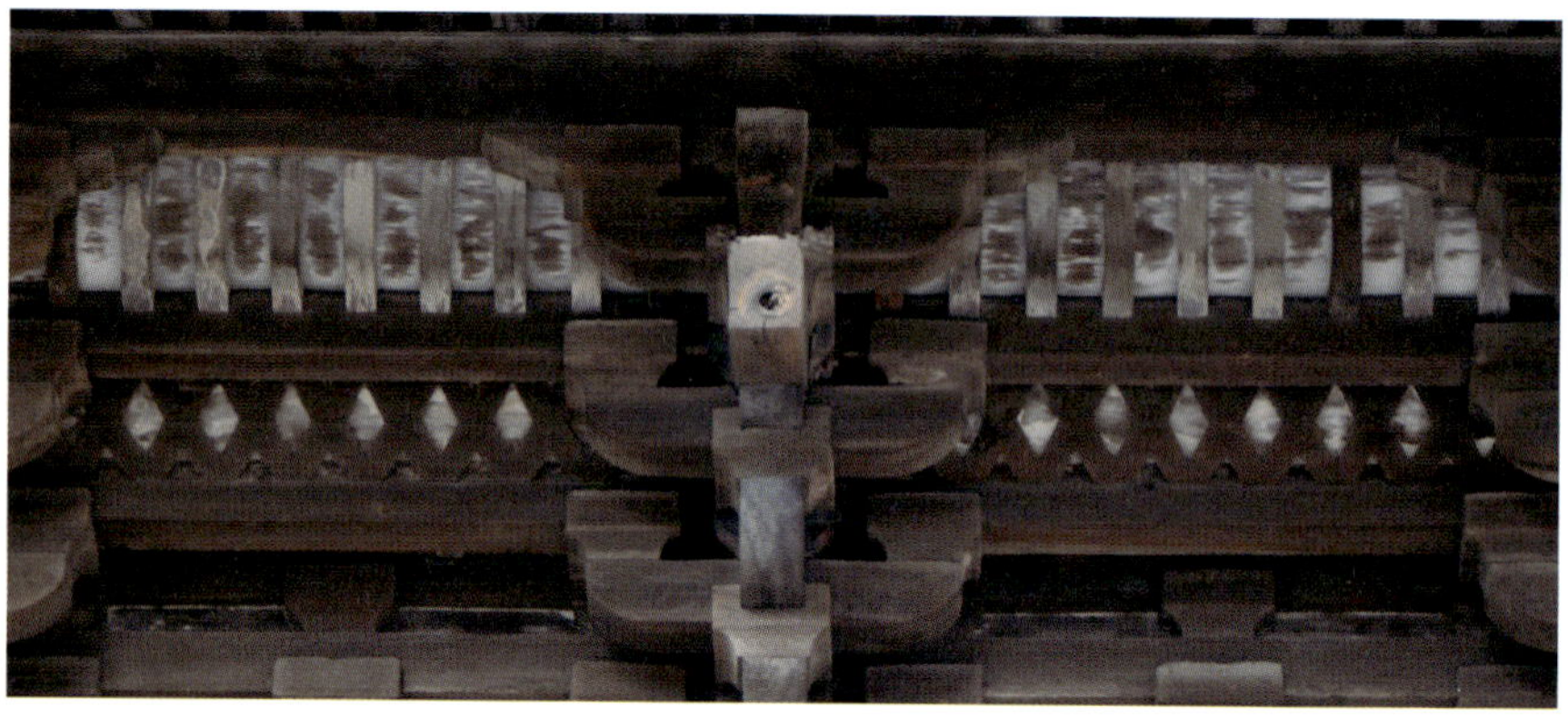
写真１３－９　鶴林寺鐘楼　二段の支輪で、下段が菱格子

構造的特徴

多重建築では、一般的に下重の屋根の垂木の上に、土台の厚板を敷き、その上に上重の柱を立てます（図13－1）。ところが大石寺の五重塔では、柱の上に載る組物の肘木《ひじき》を、反対側まで長く伸ばして、井桁《いげた》に組んで、この上に上重の柱を立てています（図13－2）。その結果、四角い頑丈な箱を五段重ねたような構造になり、構造的に発達したと言えます。一方、心柱《しんばしら》は古代の塔と同様に地面に礎石を据《す》えて、そこから自立します（図13－2）。各重で継いだ五本つなぎの心柱です。他の塔では心柱を二重以上から立て、初重には須弥壇《しゅみだん》を置いて本尊を安置するようになります（図13－1）。

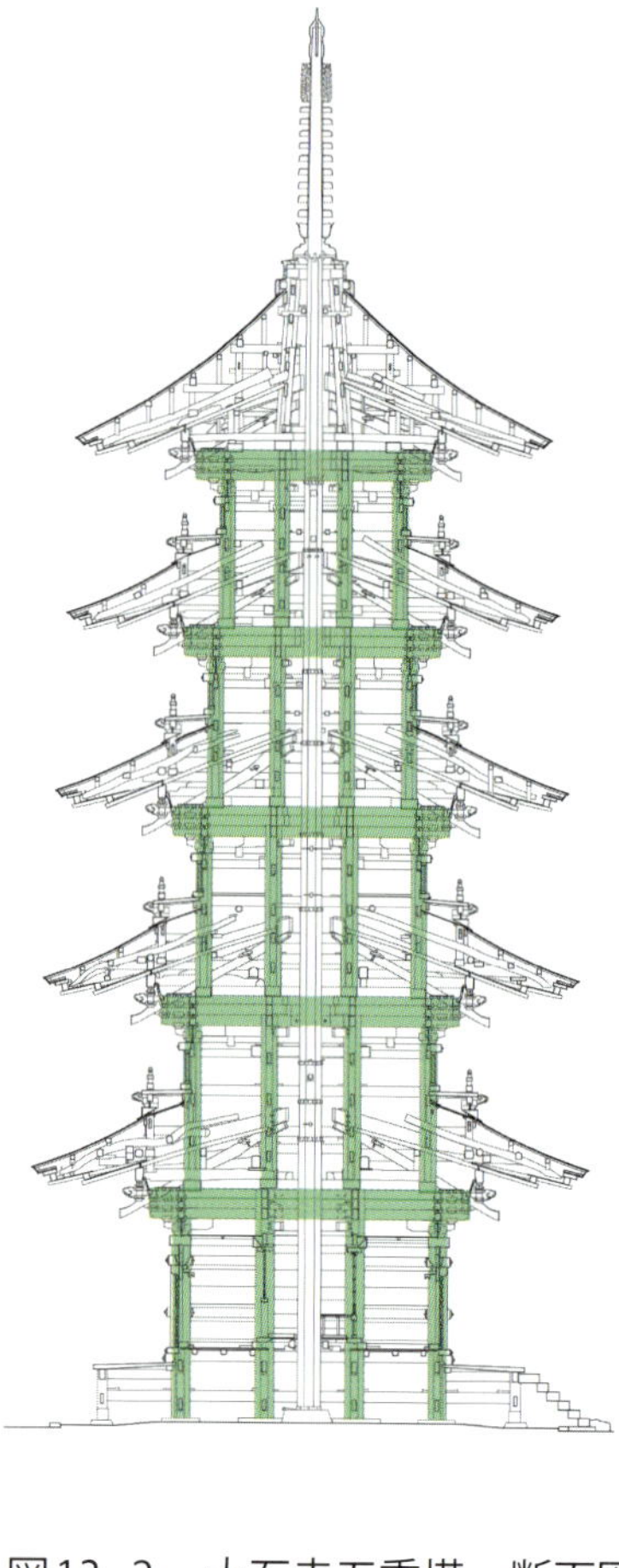
図13-2　大石寺五重塔　断面図

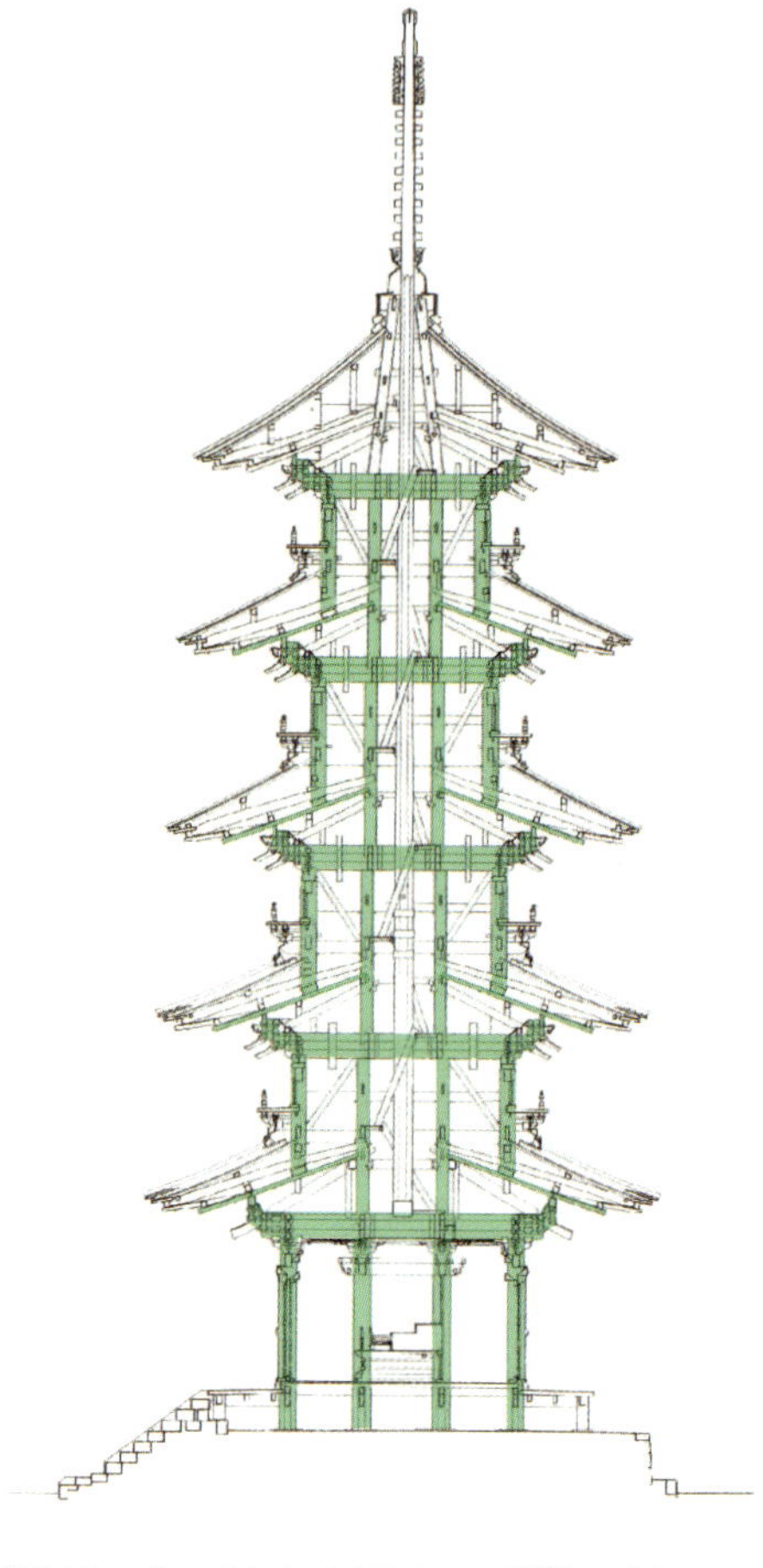
図13-１　池上本門寺五重塔　断面図
(財団法人文化財建造物保存技術協会編
『重要文化財本門寺五重塔保存修理工事報告書』
平成14年3月刊所収の断面図に加筆)

第二部
修復工事の記録

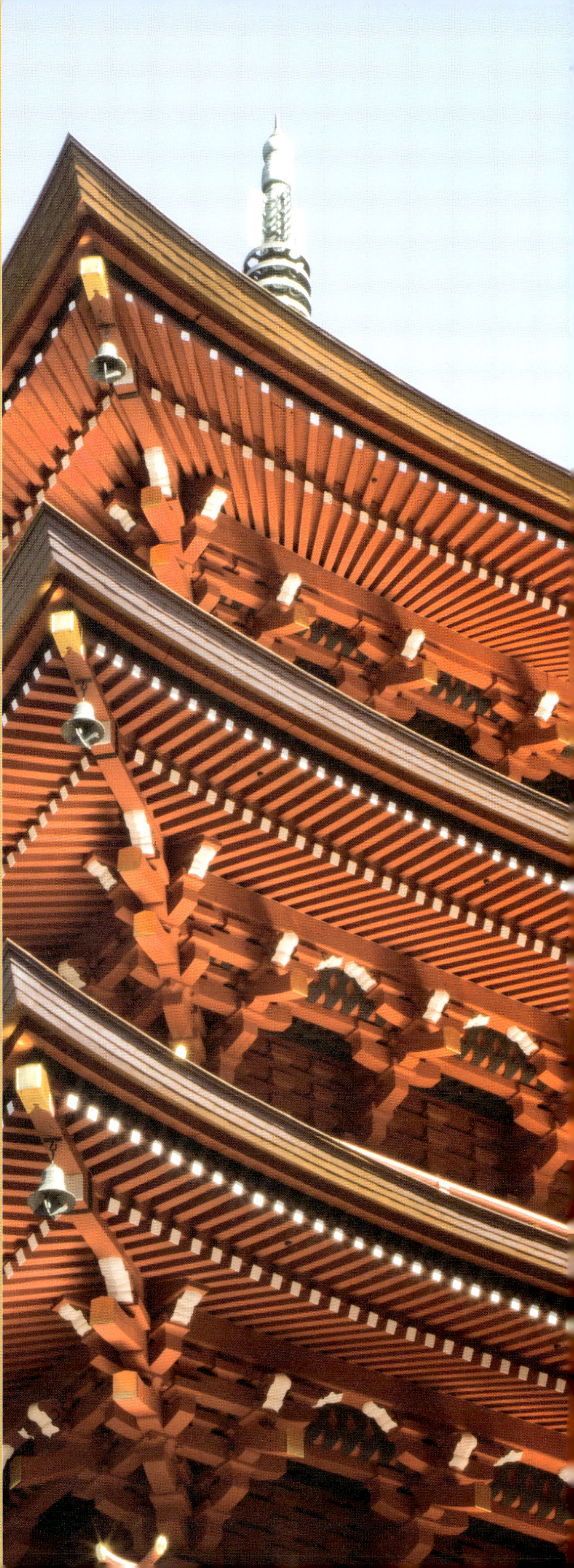

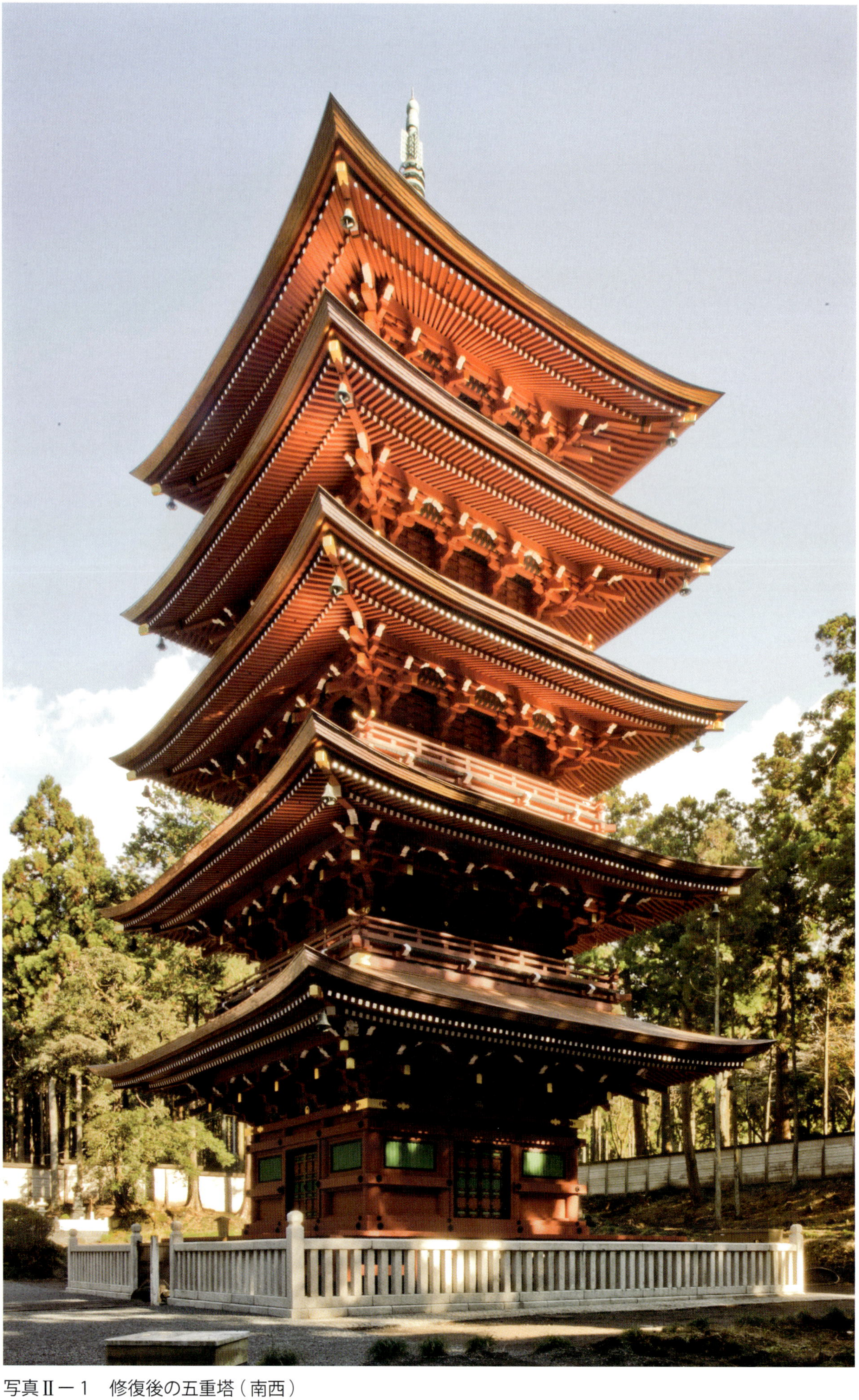

写真Ⅱ－１　修復後の五重塔（南西）

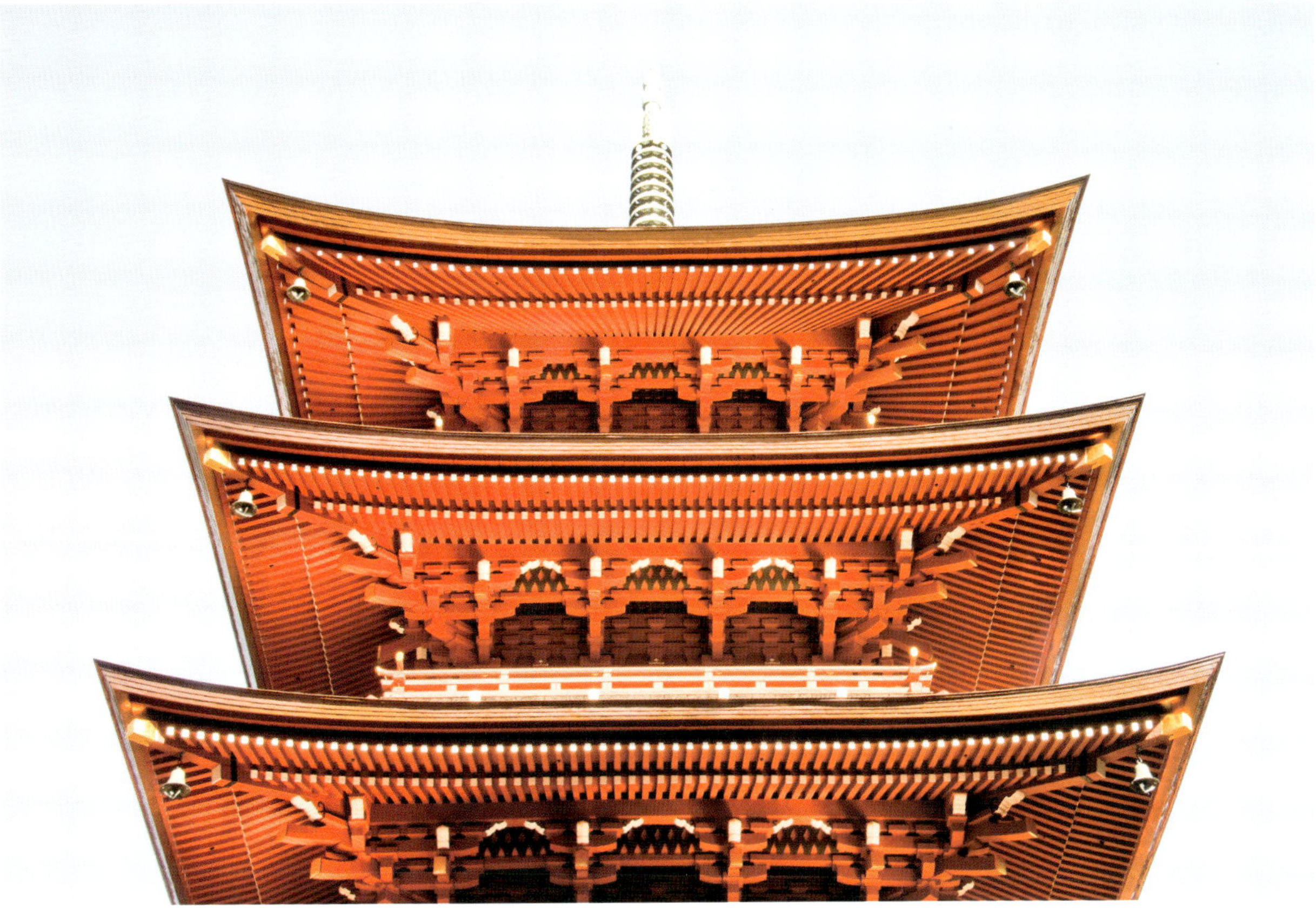

写真Ⅱ－２　軒裏

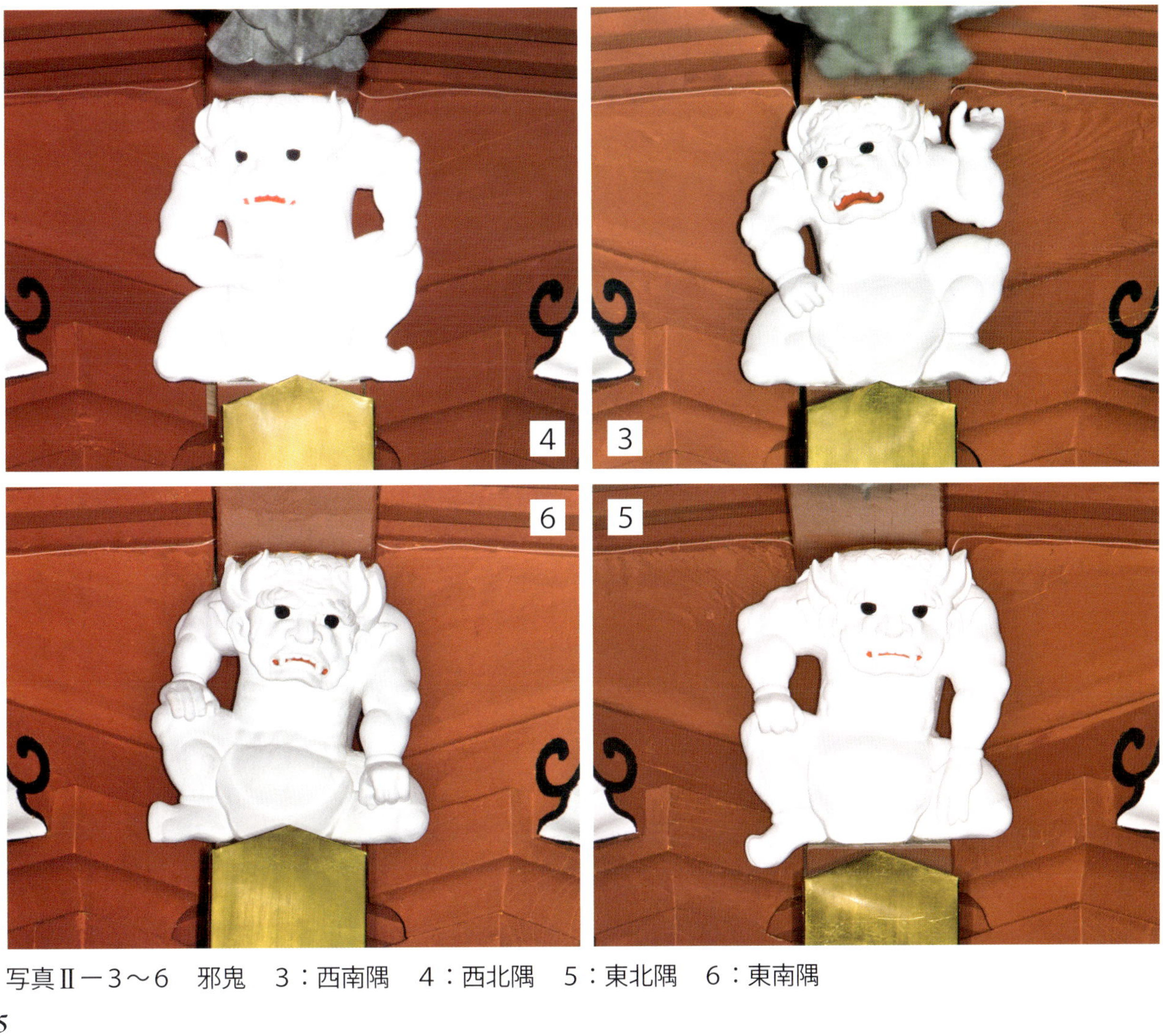

写真Ⅱ－３～６　邪鬼　３：西南隅　４：西北隅　５：東北隅　６：東南隅

写真Ⅱ－７　初重台輪飾金具

写真Ⅱ－８
初重正面（西）桟唐戸

写真Ⅱ－９　初重内部

写真Ⅱ－１０　二重内部

写真Ⅱ－１１　三重内部

写真Ⅱ－１２　四重内部

写真Ⅱ－13　五重内部

写真Ⅱ－１４
修理前の五重屋根
および相輪

写真Ⅱ－15　五重屋根解体中
垂木を取り外して、母屋を現す

写真Ⅱ－16　五重屋根解体中
母屋を取り外して、桔木を現す

写真Ⅱ－17　建立当初の墨付け

写真Ⅱ－１８　五重屋根組み立て途中　桔木の継木、埋木補修完了

写真Ⅱ－１９　五重屋根組み立て途中　母屋組み立て完了

写真Ⅱ－20　五重組物　欠失拳鼻を復旧

写真Ⅱ－21　初重縁の床組補修完了

写真Ⅱ－22　初重縁板復旧

写真Ⅱ－２３
飾金具　すべての飾金具を取り外し、相対的な位置を変えずに並べた。外側が初重、中心が五重

写真Ⅱ－２４　同上　再用飾金具

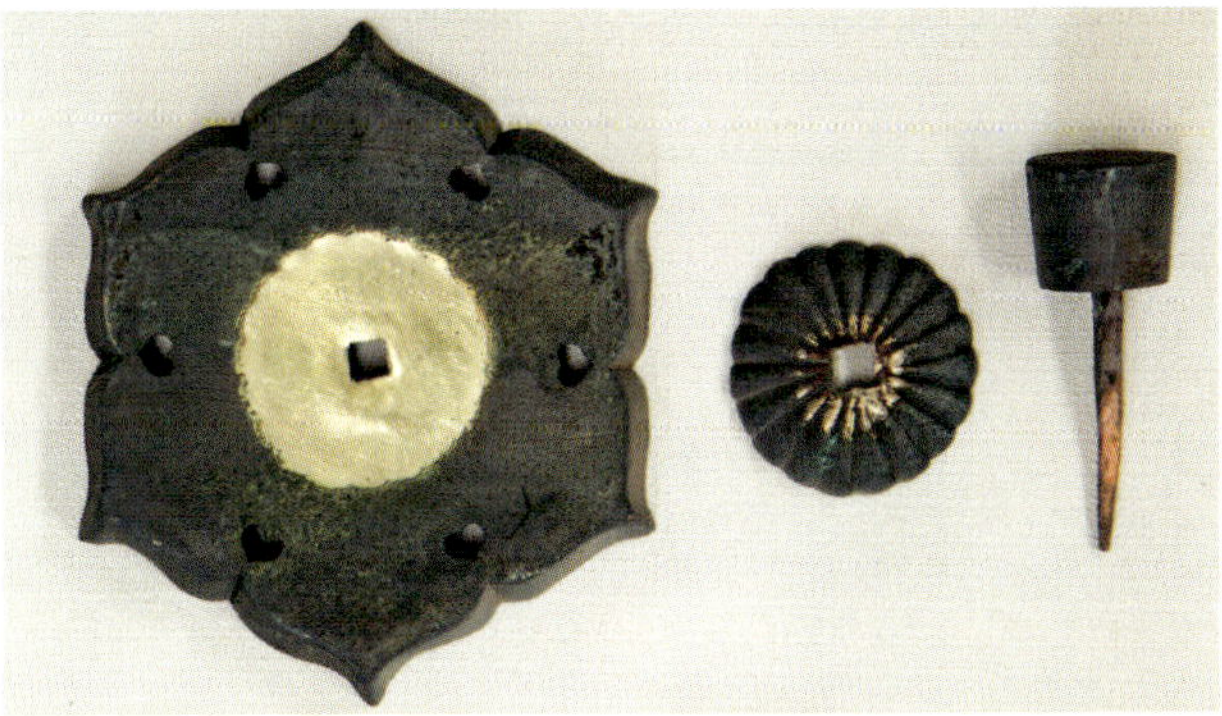

写真Ⅱ－２６　同右　分解　主座の菊座で隠れていた部分に金が残っており、当初は金箔押し仕上げであったことが判る

写真Ⅱ－25　六葉釘隠し（修理前）

写真Ⅱ－２７　同上（修理後）
ひずみを修正し、金箔押し仕上げを行った

写真Ⅱ－２９　同右　裏面に金箔が残っており、当初は金箔押し仕上げであったことが判る

写真Ⅱ－２８　初重台輪隅飾金具（修理前）

写真Ⅱ－３１　縁下土台隅飾金具　修理前の飾金具は後補材で、当初材が取り付いていた風食痕より一回り小さいため、当初の形状に復原した

写真Ⅱ－３０　仕口　四重五重の同仕口は三枚枘になっており、これを隠すように飾金具が付く

写真Ⅱ－３２　縁廻り隅部
土台と架木の先端に飾金具が付く

写真Ⅱ－３４　同右　接続部　上下の栓は、露盤本体を接続するためのもの。
中央の栓は三つ葉葵紋取り付けのためのもの

写真Ⅱ－３３　露盤　本体は、コの字形の2つの部材を繋いでいる。三つ葉葵紋および近衛牡丹紋は別材で製作したものを取り付けている

写真Ⅱ－３５　相輪取り付け作業中
相輪は、最下部の露盤から順に、部材1つずつをクレーンで吊り上げ、心柱に通していった

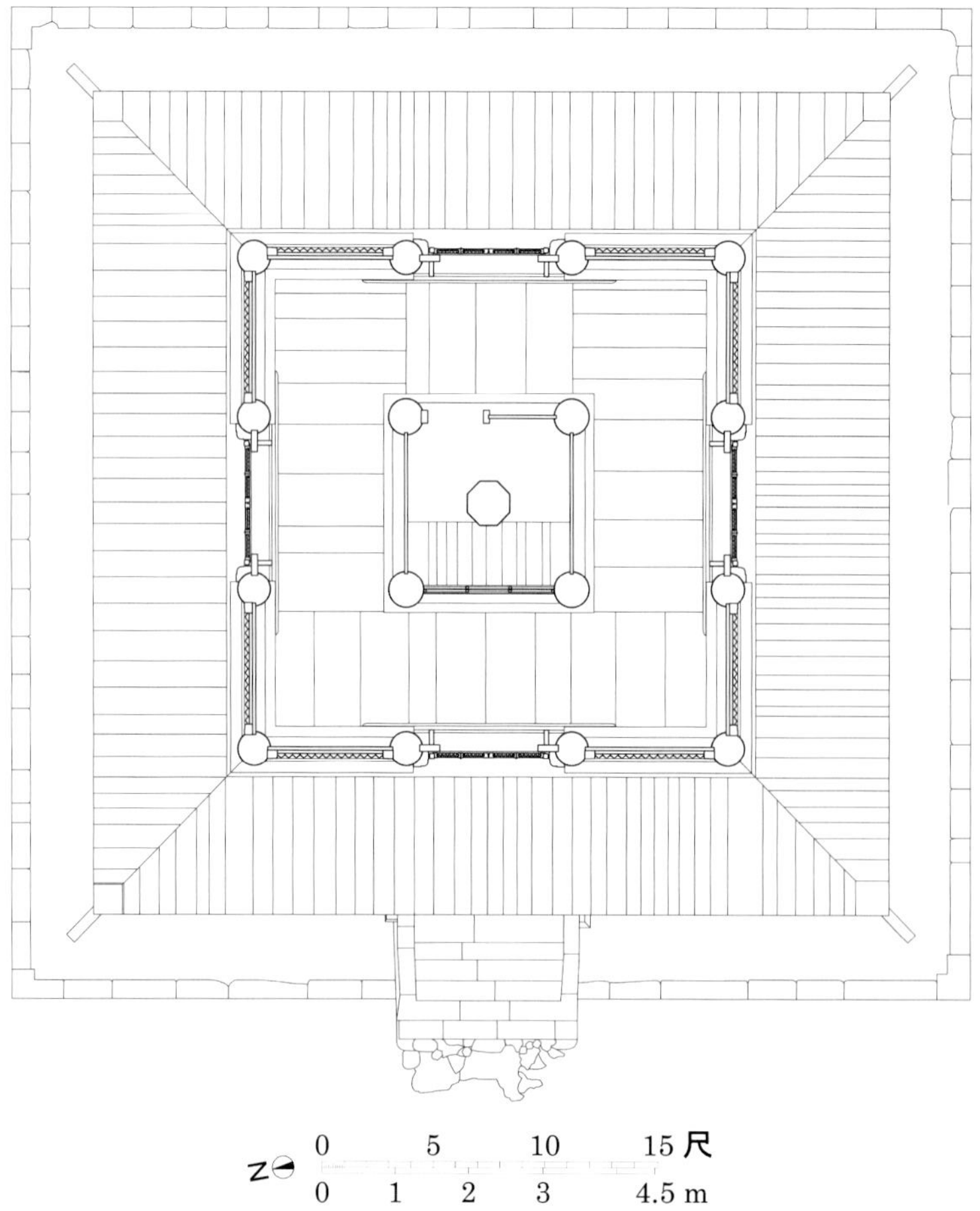

図Ⅱ－1　初重平面図

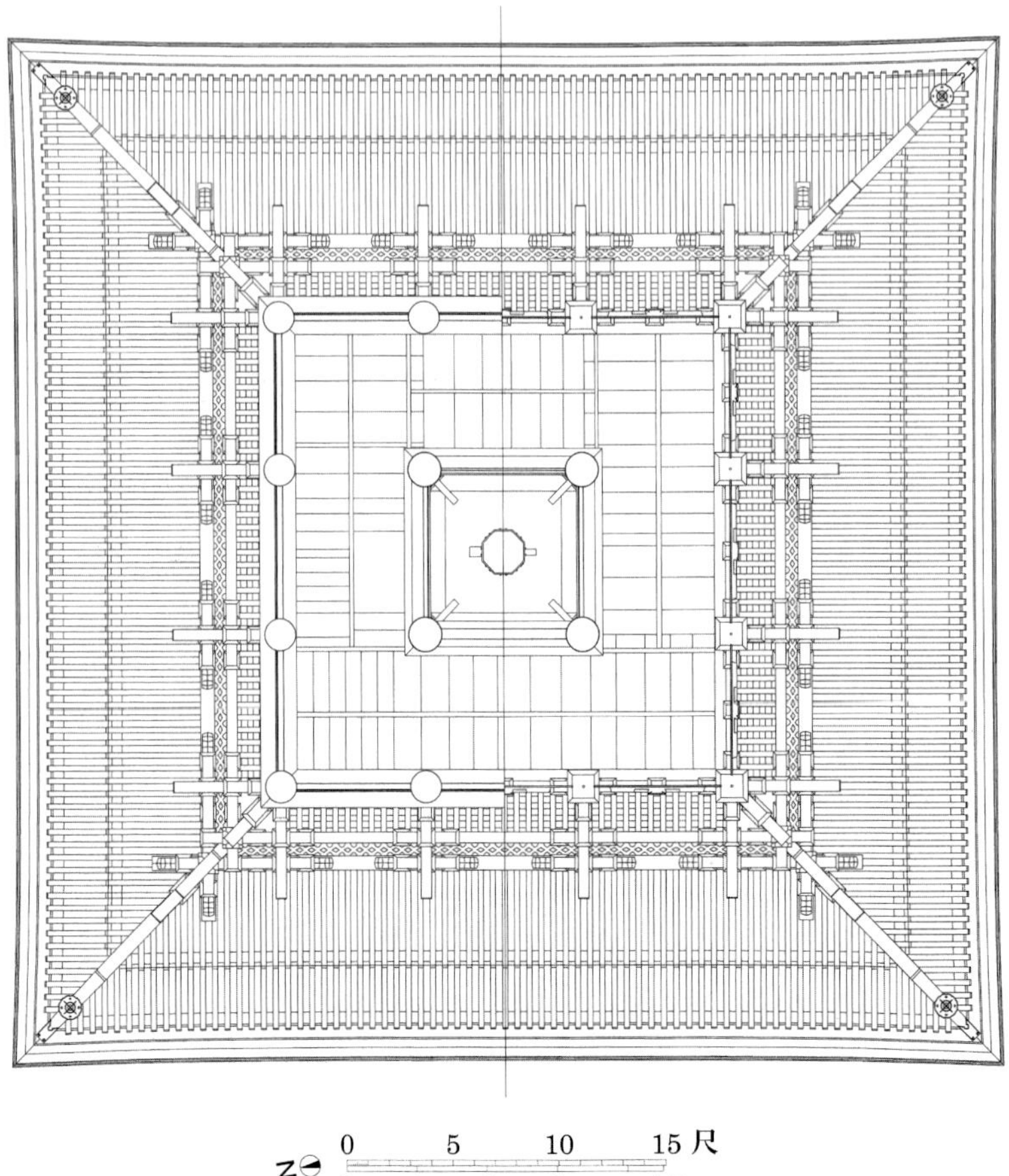

図Ⅱ－2　初重見上図

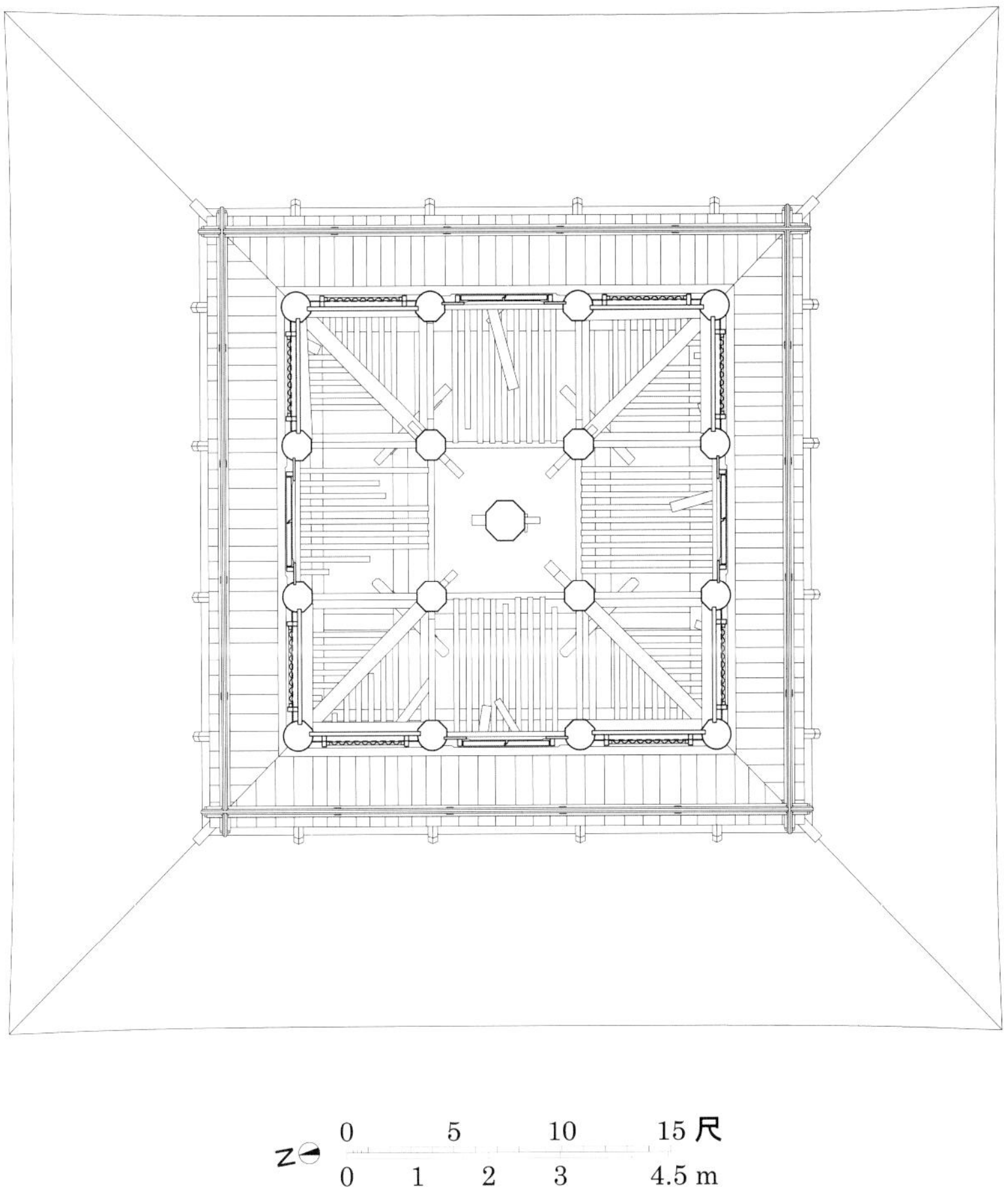

図Ⅱ－3　二重平面図

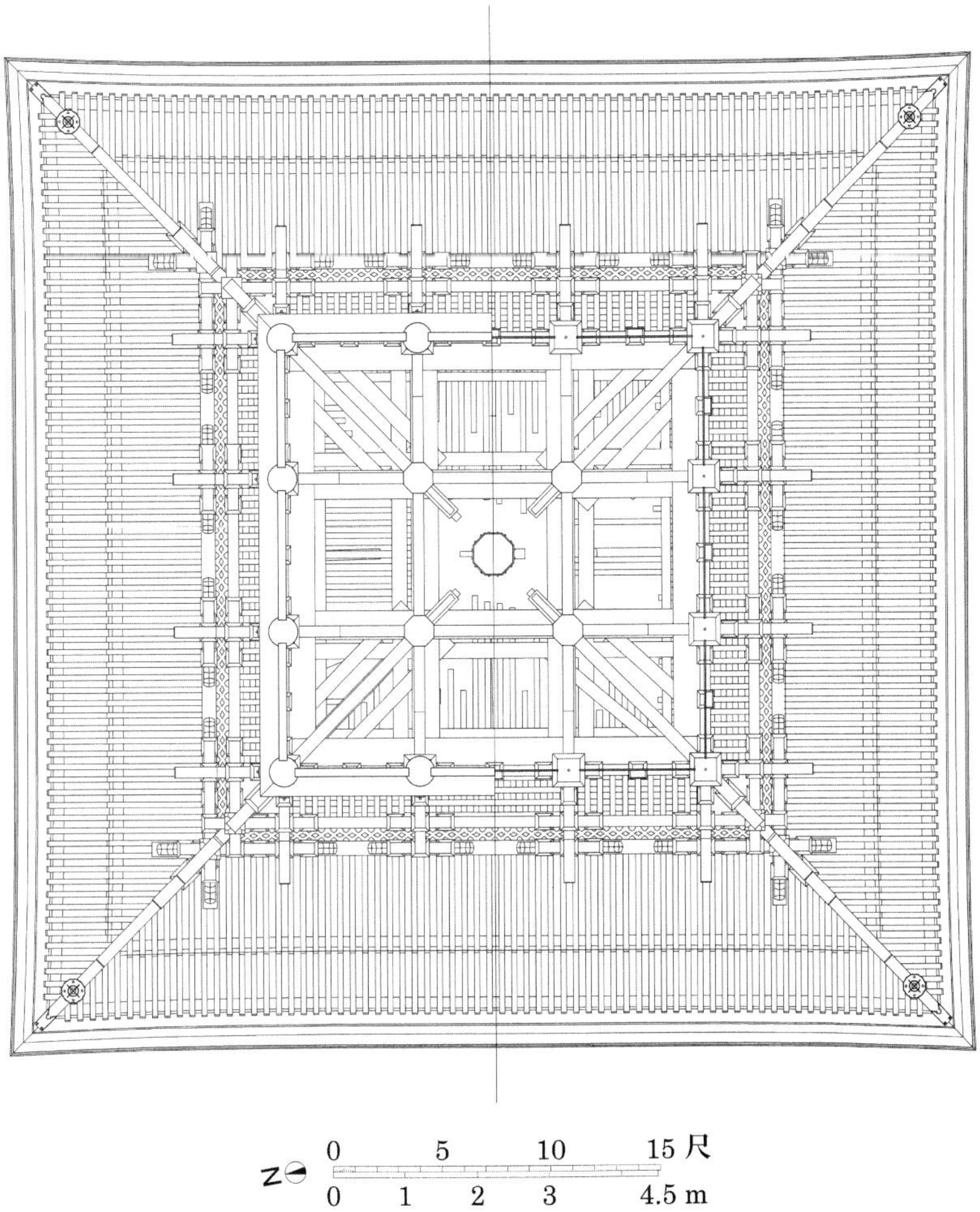

図Ⅱ－4　二重見上図

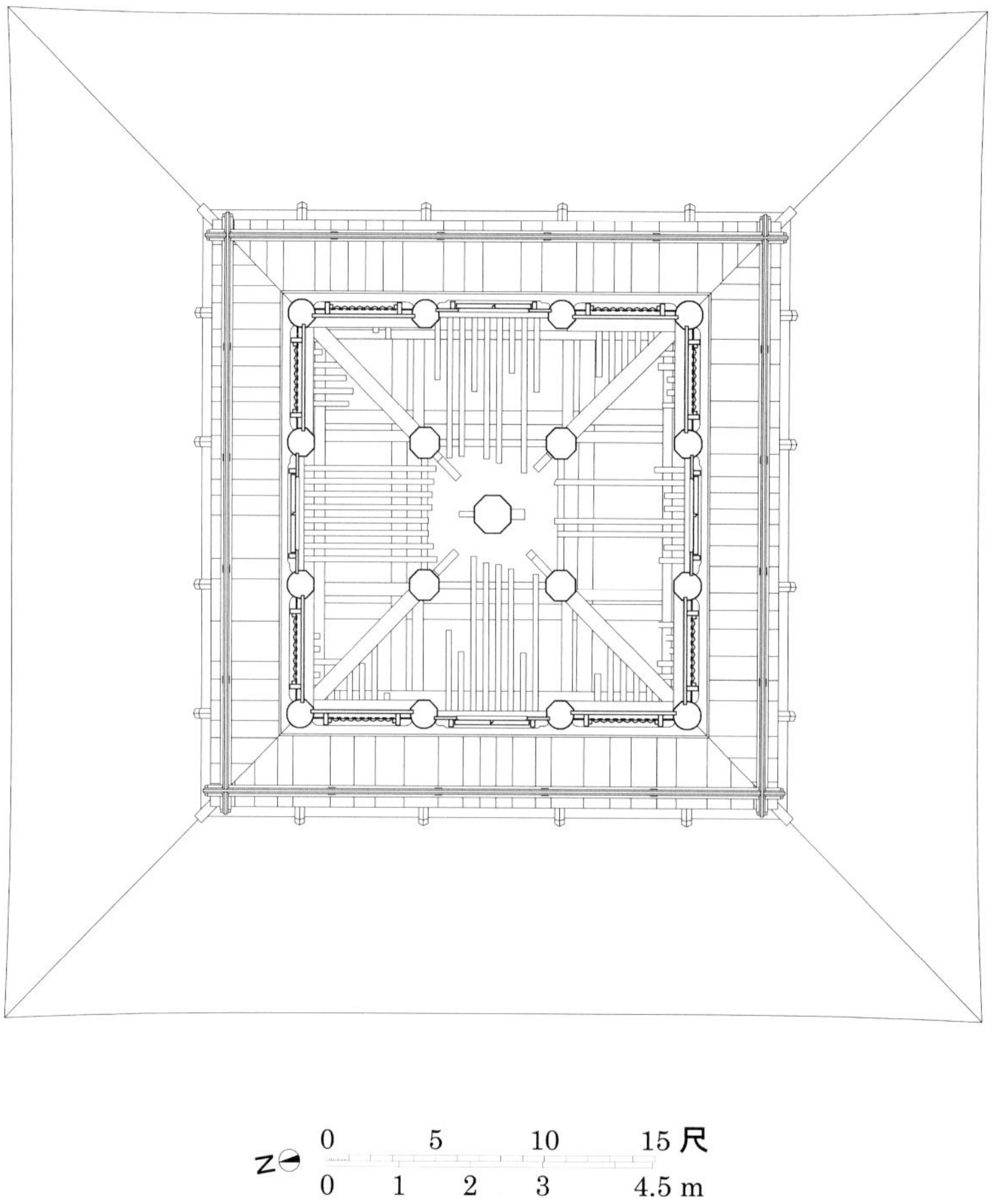

図Ⅱ－５　三重平面図

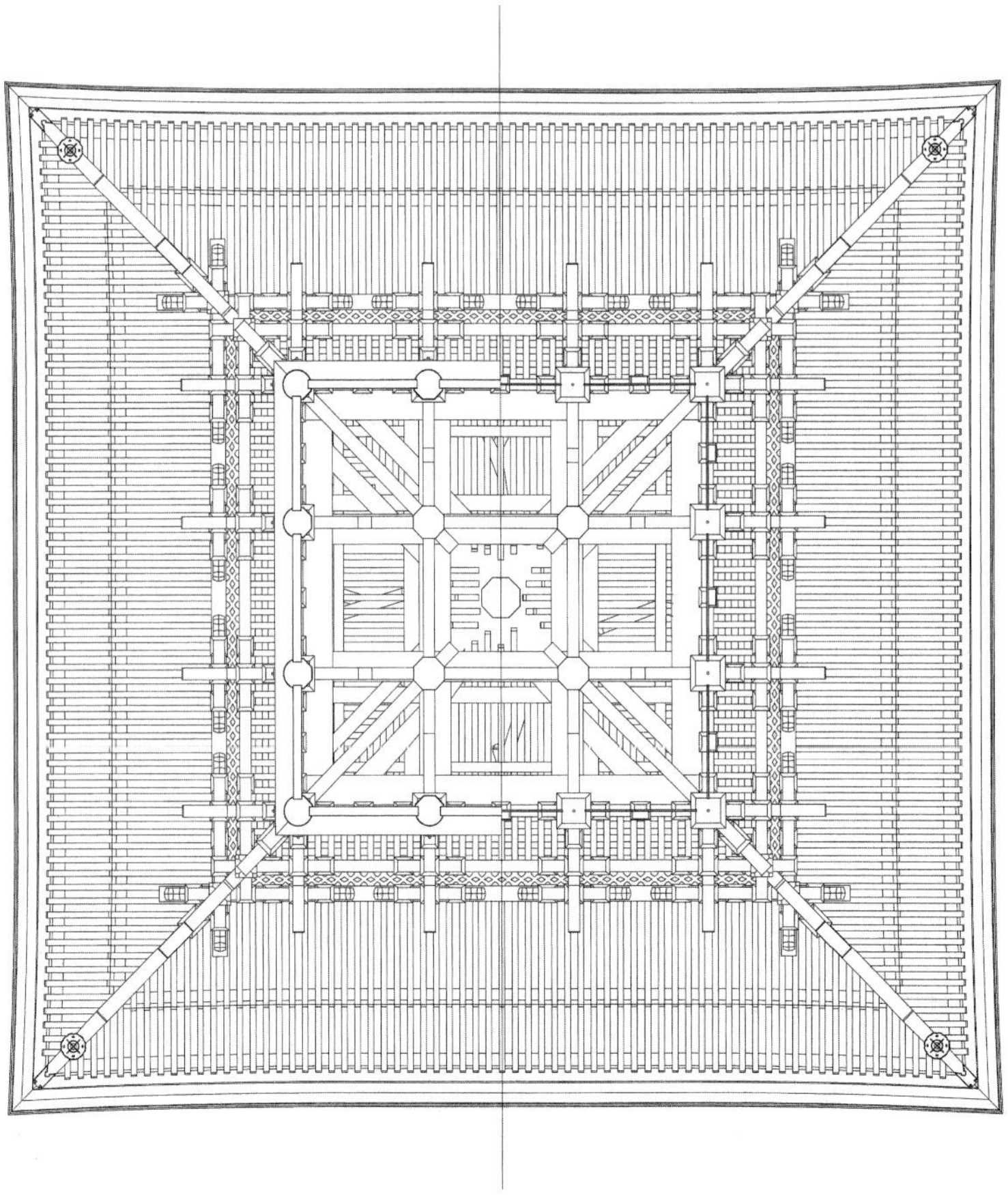

図Ⅱ－６　三重見上図

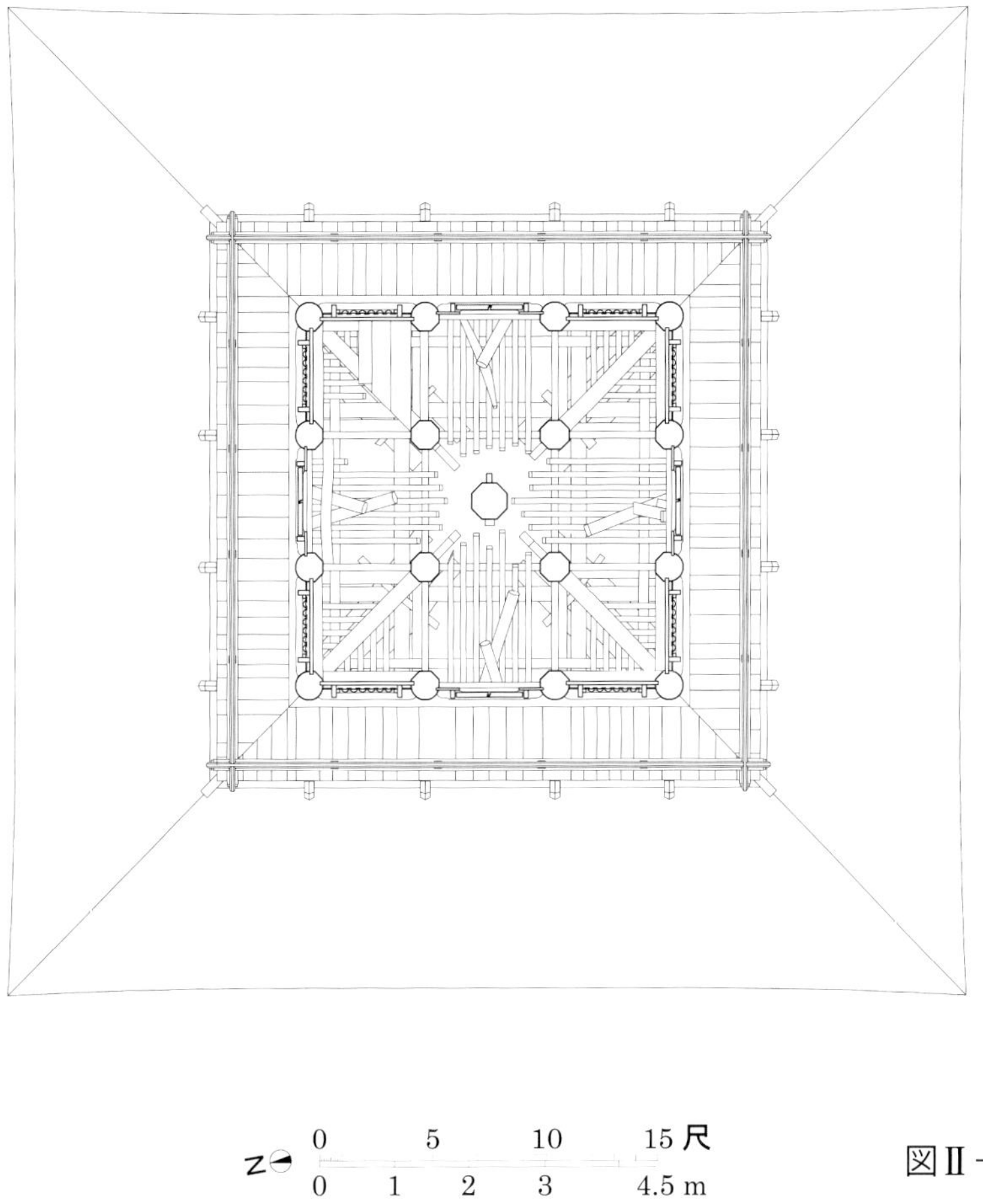

図Ⅱ－7　四重平面図

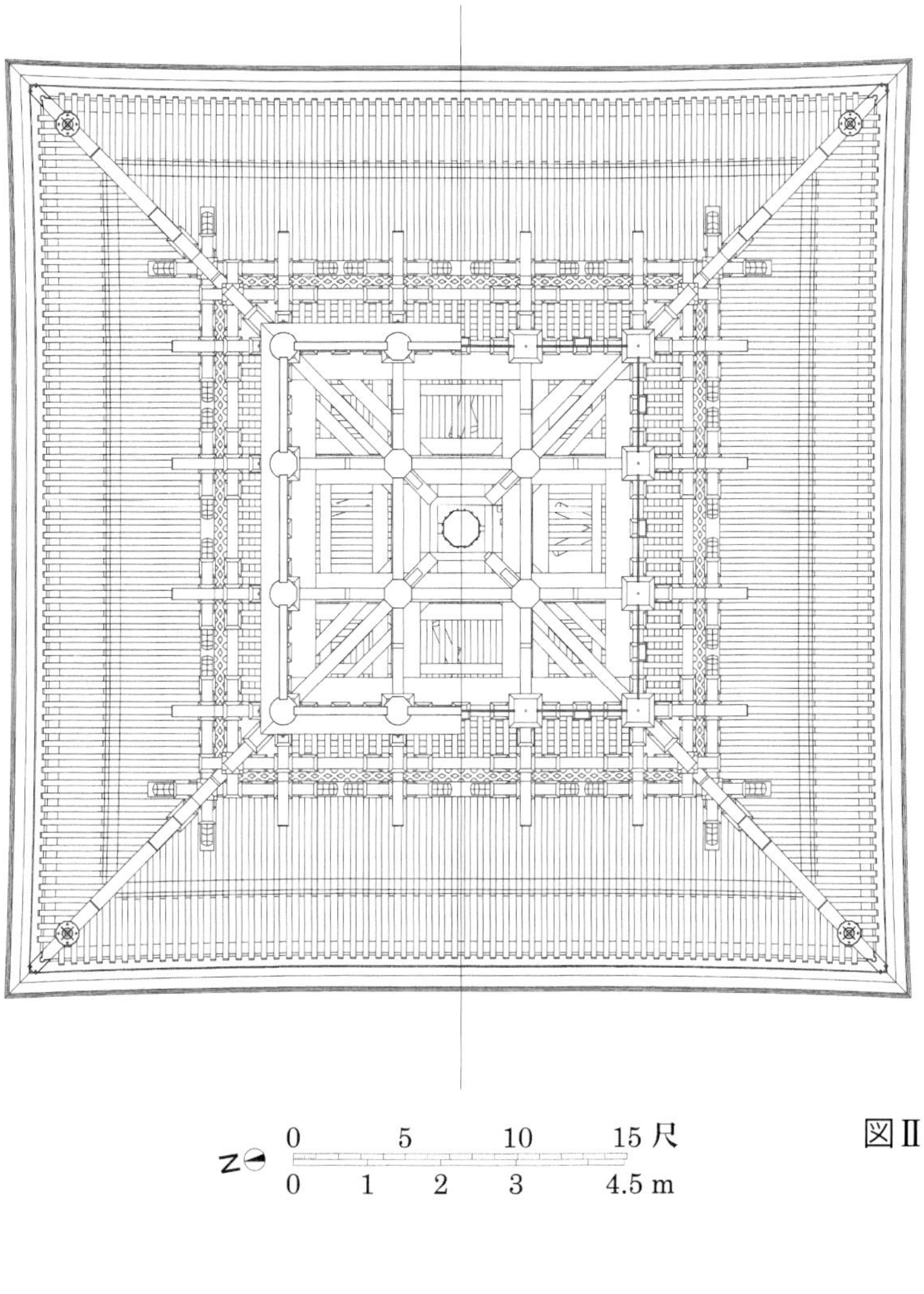

図Ⅱ－8　四重見上図

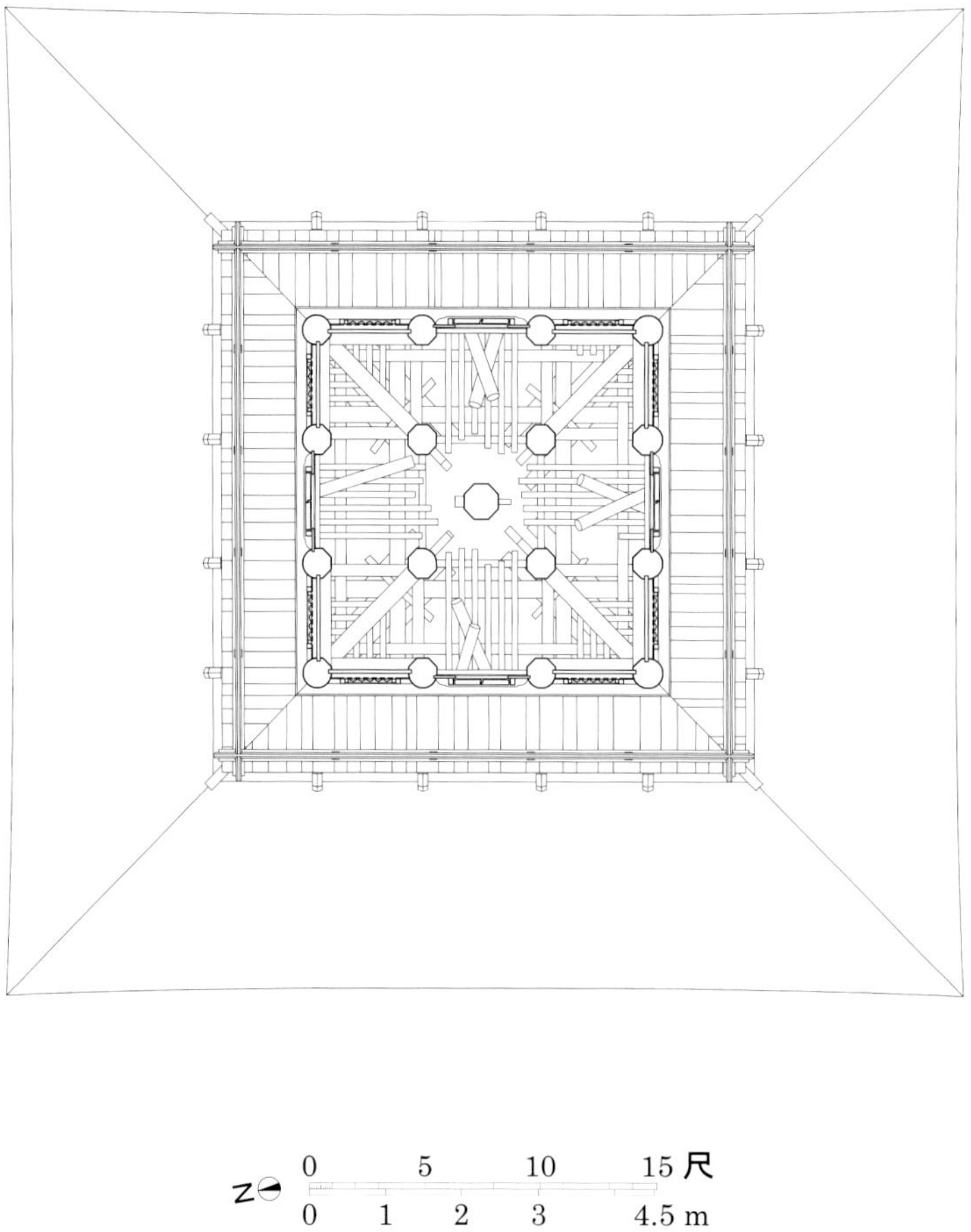

図Ⅱ－９　五重平面図

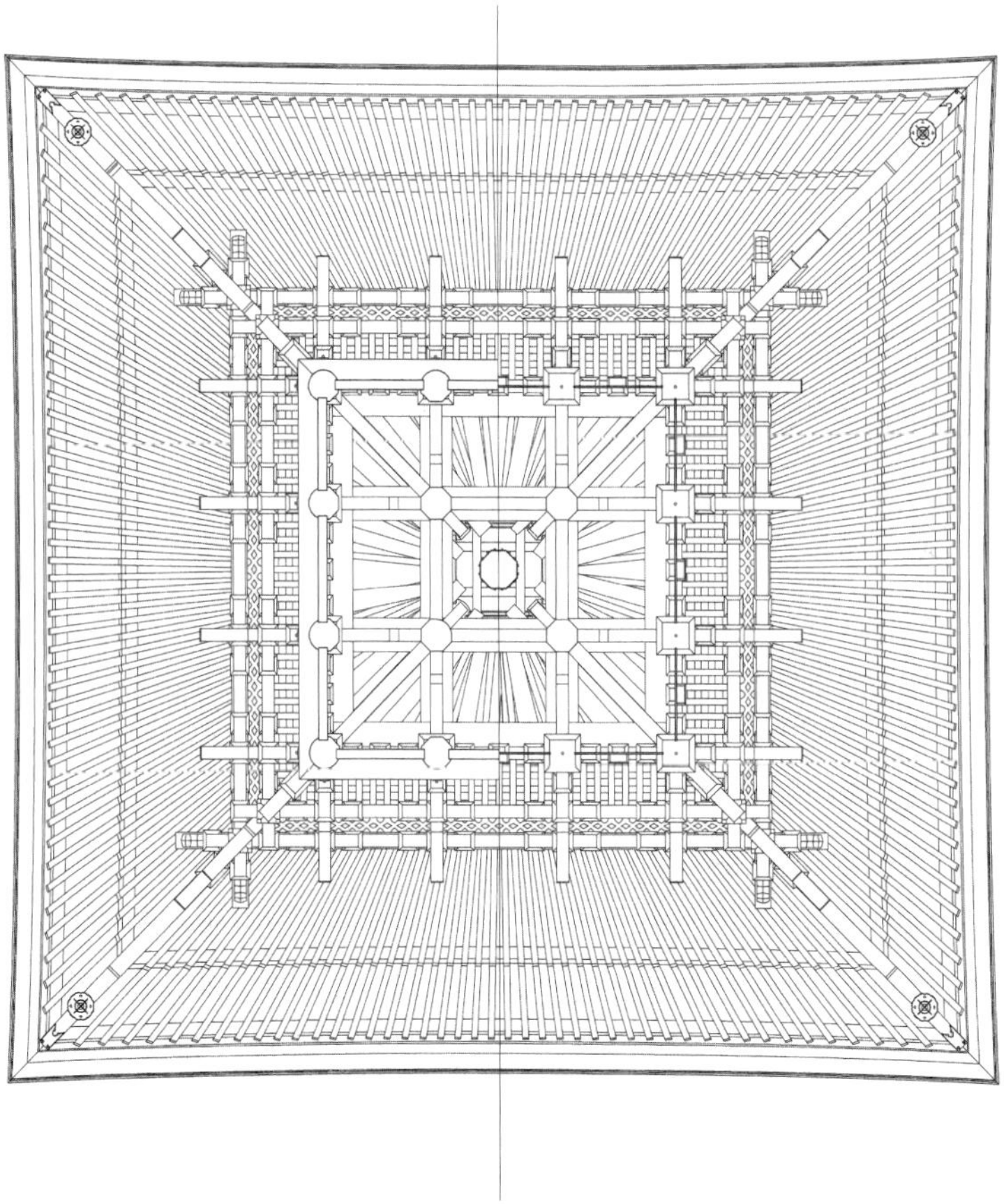

図Ⅱ－１０　五重見上図

図Ⅱ－１１　西立面図

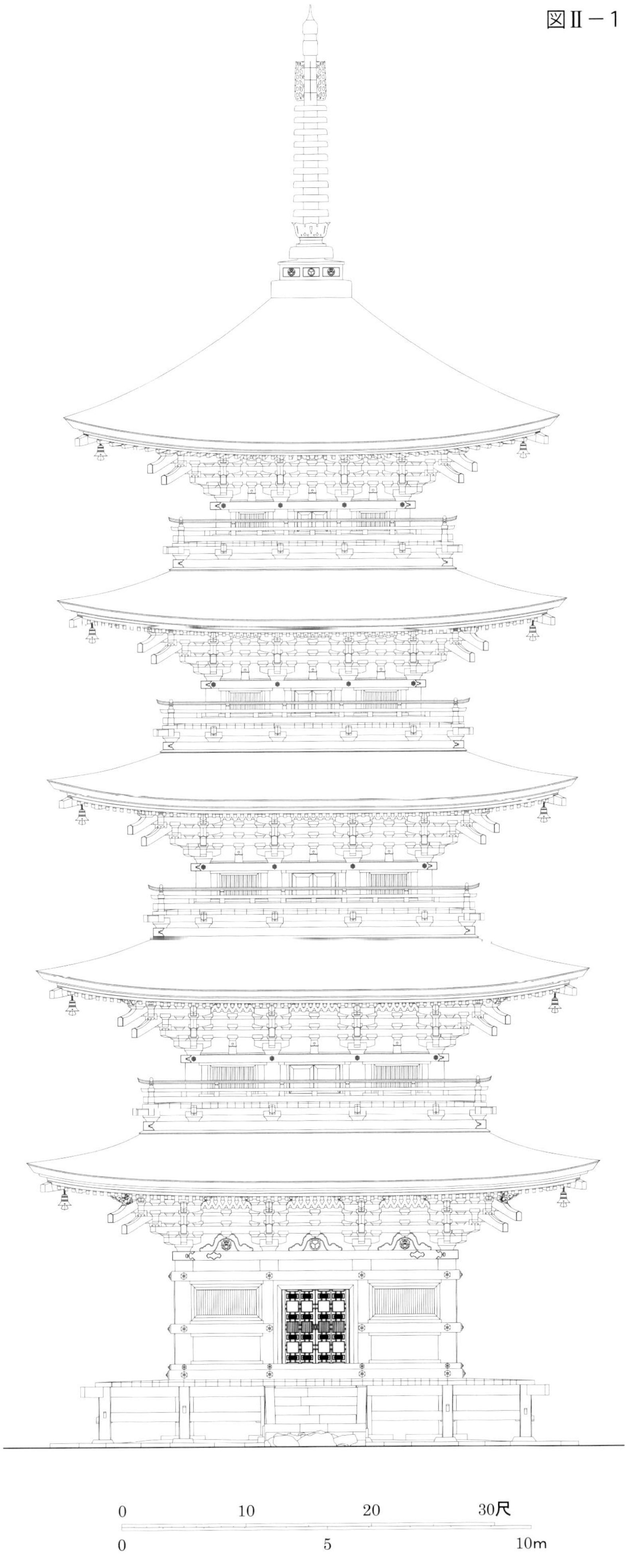

図Ⅱ－１２　東西断面図

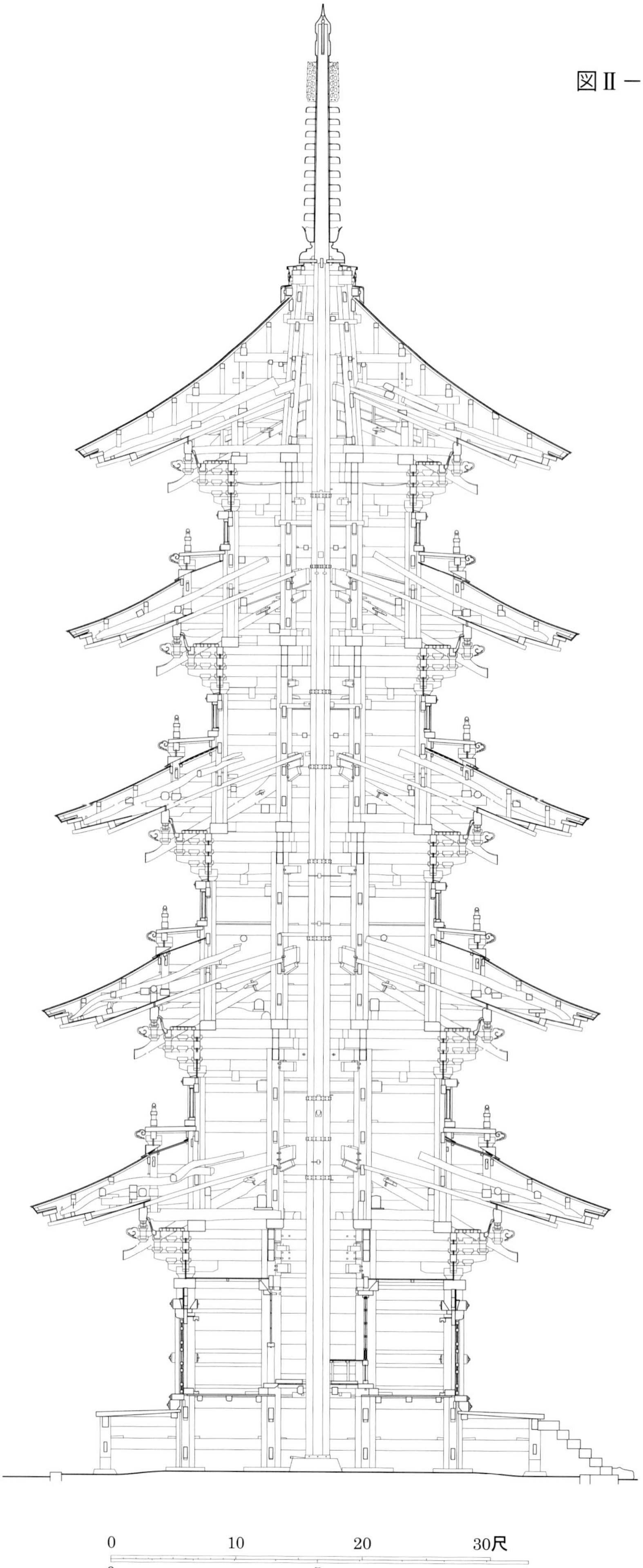

図Ⅱ－１３　南北断面図

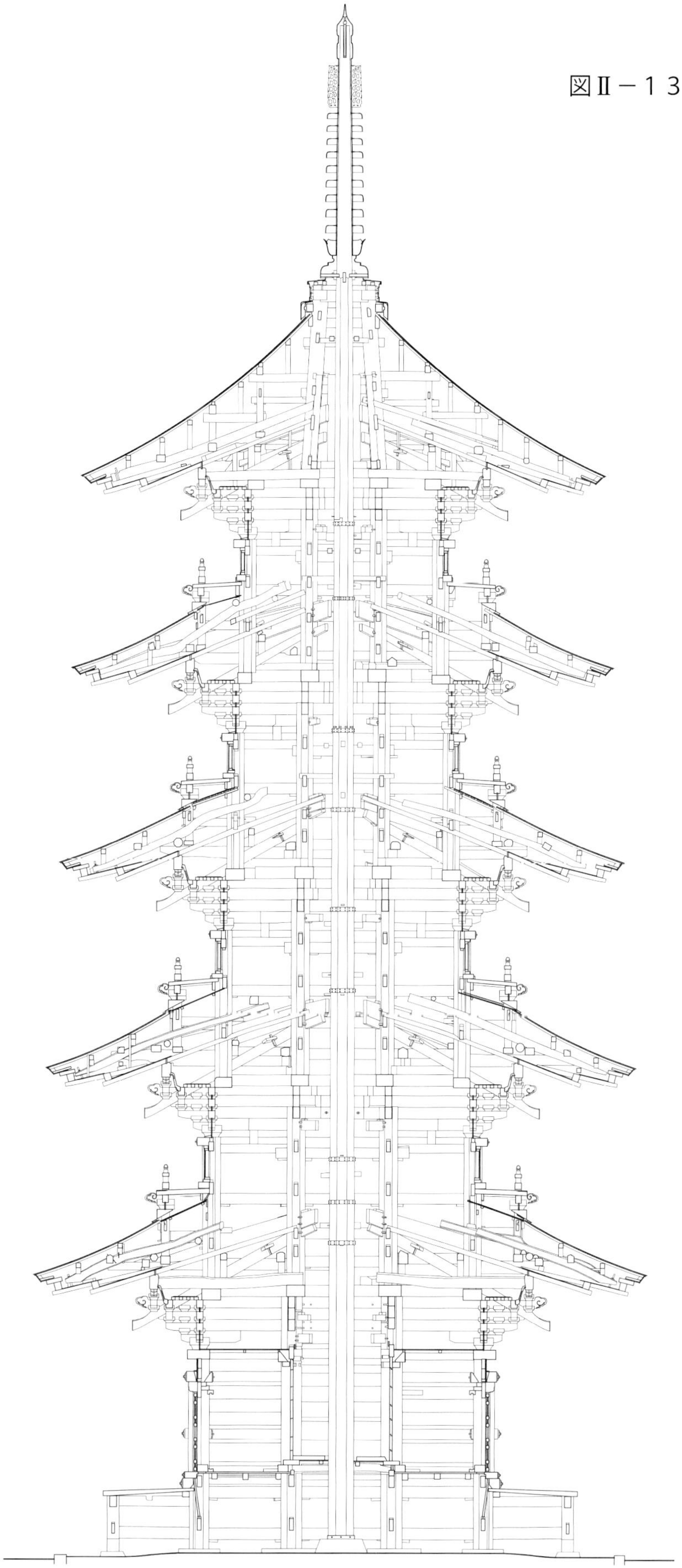

大石寺五重塔の尊さ ― あとがきにかえて

現在、建築模型のように屋内にある小塔を除くと、江戸時代以前に建立された五重塔は、全国に二十二棟あり、すべて国の重要文化財に指定されています。これらを年代別にみますと、飛鳥時代一棟、奈良時代~平安時代二棟（以上古代三棟）、鎌倉時代一棟、室町時代六棟（以上中世七棟）、桃山時代一棟、江戸時代十一棟（以上近世十二棟）となります。これに加えて、平成二十四年に、明治期の五重塔が初めて重要文化財に指定され、現在は二十三棟となっています。

平成二十九年一月現在、国の重要文化財に指定されている建造物は、二千四百五十六件、四千八百二十五棟ありますので、五重塔がいかに少ないかということが解ると思います。

五重塔は、木造建築における超高層建築と言ってよく、特別な建築技術が必要でした。その建立に当たっては、莫大な費用と、高度な建築技術を必要としました。

一方、低層建築に比べて、落雷による火災や、地震の被害も受けやすく、多くの五重塔が焼失・倒壊したことでしょう。現存する江戸時代の五重塔が多いのは、江戸時代にたくさん造られたというよりも、より古い時代の五重塔の多くが、火災や地震によって失われたと思ったほうがよいでしょう。

本書の冒頭に記しましたが、大石寺五重塔の建立に際しては、総本山第三十一世日因上人の発願《ほつがん》、板倉周防守勝澄《すおうのかみかつずみ》公の寄進、六代将軍家宣《いえのぶ》公の正室・天英院殿《てんえいいんでん》の援助、多くの信徒の寄進があり、建立後は代々の上人をはじめ、僧侶、信徒によって、大切に護られてきました。そのような努力と、天災に遭わなかったという幸運に恵まれたからこそ、今なお聳《そび》え立っているわけです。

大石寺五重塔の建築的な特徴を見ますと、外観は、均整の取れたプロポーションで、堂々たる安定感があります。そして、五重の軒裏《のきうら》のみ扇垂木《たるき》として変化を付け、菱格子《ひしごうし》支輪や蟇股《かえるまた》の三つ葉葵《あおい》紋と近衛《このえ》牡丹《ぼたん》紋および邪鬼の彫刻など、要所に効果的な装飾を施し、それがこの塔の個性となっています。

また、構造や技術的な特徴を見ますと、一般的な五重塔が、下重の屋根の上に、上重を載せたような構造であるのに対し、大石寺の五重塔では、各重が四角い頑丈《がんじょう》な箱を五段重ねたような構造で、より発達した構造と言えます。礎石の上から相輪《そうりん》まで延びる心柱《しんばしら》が、各重で継がれているのも、この構造に伴う建設工程と関係があると考えられます。

五重塔の正面の石段の先には富士山の溶岩のような岩石が露出していますが、同様の岩盤が五重塔の下にあるのでしょう。広い境内のなかで、この地を選んだ理由として、もちろん宗教上の意味合いもあると思いますが、強固な岩盤も理由の一つであると思われます。また、力がかかる主要な材料には堅い欅《けやき》が用いられています。その結果、二百五十年以上経った現在も、不同沈下や傾斜はほとんどありません。

直接雨のかかる屋根と初重の縁板を除くと、建立当初の部材が非常によく残っています。古い材料がそのまま残っているというのも、意匠《いしょう》や構造の特徴とともに、大石寺五重塔の価値を高めています。

今回の修理では、雨漏《あまも》り等の破損部分は徹底的に修理しましたが、その一方で、可能な限り古材の保存に努めました。

修理工事を通して、大石寺五重塔の価値を見極め、その保存に努力しました。そして、その意義を充分に理解していただいて、木工事を行った大工、屋根葺《ぶ》きの板金工、外部塗装の彩色《さいしき》師、飾金具《かざりかなぐ》師、素屋根《すやね》建設の鳶《とび》職など、多くの職人が腕を振るってくれました。このような優れた技術者がいてこそ、今回の修理工事が順調に進み、非常に質の高い工事となりました。すべての工事関係者の皆様に御礼申し上げます。

文化財修理工事の現場は、素屋根で覆ってしまうため、内部でどのような工事が行われているのか、全く知られないままに完了するのが一般的です。ところが今回は『妙教』誌に工事レポートを掲載していただき、文化財修理の考え方や実際の工事内容を紹介することができました。そしてさらに、本書にまとめていただくことができました。大日蓮出版の皆様には、心から感謝申し上げます。

平成二十九年一月吉日

名古屋工業大学大学院教授

麓　和　善

著者経歴

麓　和　善（ふもと　かずよし）

一九五六年、香川県生まれ。

名古屋工業大学大学院教授。

名古屋工業大学大学院修士課程修了。工学博士。

財団法人文化財建造物保存技術協会を経て現職。

専門は日本建築史・文化財保存修復。

岐阜県文化財保護審議会委員、山梨県文化財保護審議会委員、その他全国の文化財建造物修理・史跡整備に委員として参画。

主な修復・設計作品に〈重要文化財東光寺鐘楼・三門・総門〉〈重要文化財旧函館区公会堂〉〈重要文化財豊平館〉〈登録有形文化財神山復生病院事務所棟〉〈丸亀市指定文化財中津御茶屋観潮楼・母屋〉〈旧豊田喜一郎邸〉〈登録有形文化財小栗家住宅〉〈南知多町指定文化財尾州廻船内海船船主内田佐七家〉ほか多数。

主な著書に『日本建築古典叢書9　近世建築書　絵様雛形』『旧豊田喜一郎邸』『日本産業技術史事典』『城の日本史』『茶道学大系6　茶室・露地』『揚輝荘と祐民　よみがえる松坂屋創業者の理想郷』ほか多数。

伝統を永遠《とわ》に

総本山大石寺　五重塔
修復工事　六四三日　全記録

平成二十九年三月二十八日　発行

執　筆　麓　和　善

編集 制作 発行　大日蓮出版
〒418-0116　静岡県富士宮市上条五四六—一
Tel　〇五四四（五九）〇五三〇